AF502771

Collection ''Leurs amours''

Louis Bertrand

La vie amoureuse

de Louis XIV

Ernest Flammarion. éditeur

Collection " *Leurs amours* "

OUVRAGES DÉJA PARUS :

La vie amoureuse de Madame de Pompadour
par Marcelle TINAYRE.

La vie amoureuse de François-Joseph Talma
par André ANTOINE.

La vie amoureuse de Louis XIV
par Louis BERTRAND.

POUR PARAITRE PROCHAINEMENT :

La vie amoureuse d'Alfred de Musset
par Maurice DONNAY, *de l'Académie française.*

La vie amoureuse de Dante
par Charles MAURRAS.

Puis succéderont des volumes signés : Henry BORDEAUX, *de l'Académie française,* Lucien DESCAVES, *de l'Académie Goncourt,* Louis BARTHOU, *de l'Académie française,* Pierre de NOLHAC, *de l'Académie française,* Tristan BERNARD, Van DONGEN, etc., qui seront consacrés chacun aux amours d'un personnage célèbre. Est-il utile d'insister sur l'intérêt que peut, que doit forcément présenter cette Collection ?

DÉPÔT LÉGAL
Seine-et-Marne
1925

La vie amoureuse de Louis XIV

8'L67
5351

Il a été tiré de cet ouvrage
deux cents exemplaires sur papier de Hollande
numérotés de 1 à 200,
et trois cents exemplaires sur papier vergé pur fil Lafuma
numérotés de 201 à 500.

Collection " Leurs amours "

Louis Bertrand

La vie amoureuse de Louis XIV

Ernest Flammarion, éditeur

Droits de traduction, de reproduction et d'adaptation
réservés pour tous les pays.
Copyright 1924,
by ERNEST FLAMMARION.

« S'il ne fût né que particulier, il aurait eu également le talent des fêtes, des plaisirs, de la galanterie, et de faire les plus grands désordres d'amour. »

(SAINT-SIMON, *Mémoires*, XXVIII, p. 6.)

« En abandonnant notre cœur, il faut demeurer maître absolu de notre esprit... »

(LOUIS XIV, *Mémoires*, t. II, p. 315).

La vie amoureuse de Louis XIV

PROLOGUE

Louis XIV a été un grand amoureux.

On a oublié ce qu'il a fait pour la France. Mais on se souvient de ses amours. On s'en souvient même un peu trop. L'imagination populaire ne connaît de lui que ses galanteries et ses maîtresses. Elle se le représente invinciblement dans les bras d'une La Vallière ou d'une Montespan.

Lui-même, il faut bien l'avouer, a quelque peu contribué à se faire cette réputation. Saint-Simon, après nous avoir raconté tout ce qu'il a vu, ou cru voir, du règne de Louis XIV, écrit cette phrase, en manière de conclusion : « Né simple particulier, il aurait eu également le talent des fêtes, des plaisirs, de la galanterie, et *de faire les plus grands désor-dres d'amour.* » Si le Roi avait pu lire ces lignes il est fort probable qu'il ne les eût point trop démenties. Certes il a été bien loin de « faire les plus grands désordres d'amour », comme le dit très exagérément Saint-Simon. Cet homme de gouvernement avait horreur de tous les désordres, même des désordres amoureux. Mais, par galanterie, parce que c'était toujours « le bel air » en ce temps-là, — il voulait qu'on l'en crût capable. Les contemporains de Mme de Rambouillet, les habitués de la Chambre bleue, n'admettaient point qu'un homme fût sans amour. Pour les précieux et les précieuses, l'amour était une religion, — et cette religion mystico-littéraire durait encore, au temps de la jeunesse de Louis XIV. Enfin, en un sens plus gaillard, la nation exigeait qu'un roi fût amou-reux, à l'exemple d'un François Ier, d'un Henri II, ou d'un Henri IV, — Henri IV sur-nommé le Vert-Galant et devenu si populaire, peut-être à cause de cette « verdeur » et de cette « galanterie ».

Assurément, Louis XIV n'eut pas trop à se contraindre, pour répondre, si l'on peut dire, à ce vœu national : il était fait pour éprouver et pour inspirer l'amour. La gloire elle-même il l'aimait comme une maîtresse. Il a écrit, dans ses *Mémoires,* ou il a dicté cette phrase extraordinaire et encore trop peu connue, — cette phrase qui est d'un grand écrivain français : « *L'amour de la gloire a les mêmes délicatesses et, si j'ose dire, les mêmes timidités que les plus tendres passions.* »

Comment s'étonner, après cela, qu'on l'ait cru sur parole, et qu'on l'ait jugé sur des apparences auxquelles il se prêtait si complaisamment ? De son vivant, on a écrit une infinité de romans sur ses amours et sur ses maîtresses, — productions mi-licencieuses mi-satiriques, où il entre autant de médisance et de calomnie que de fantaisie et d'imagination. Le théâtre contemporain est une perpétuelle allusion au monarque amoureux. On peut dire qu'il est le héros de toutes les tragédies de l'époque, à commencer par celles de Racine. Dans le même moment, les pamphlétaires d'Allemagne, d'Angleterre et de Hollande commençaient la légende de débauche qui tendait à déshonorer le Roi. Est-il besoin d'ajouter que dans ces livres, — qui affectaient souvent le ton de l'histoire, — il n'entrait que très peu de vérité historique. Puis, plus tard, l'érudition minutieuse du XIXe siècle a prétendu épuiser tout ce sujet des amours de

Louis XIV. Que n'a-t-on pas écrit sur lui et ses maîtresses ! A en juger par la quantité de ces ouvrages spéciaux, nous croyons bien ne rien ignorer. Nous connaissons les actes de naissance et de mariage des favorites royales. Nous avons l'inventaire de leur garde-robe, nous savons, à une douzaine près, combien elles avaient de chemises... Mais nous ne savons pas, ou pour ainsi dire pas, comment elles ont aimé et surtout comment elles ont été aimées. Si paradoxale que semble une telle assertion, les amours de Louis XIV sont un des mystères historiques les plus difficiles à pénétrer.

Cela tient surtout à ce que le Roi était le plus secret des hommes. Je crois bien qu'il l'était naturellement. Mais il le devint de plus en plus, à mesure qu'il avançait en âge. Est-ce lui qui exigea la destruction des lettres qu'il écrivit à ses maîtresses ? Car, contrairement à la légende, Loui XIV a beaucoup écrit. C'était un homme de bureau, comme Philippe II d'Espagne, son arrière-grand-père. Il a passé sa vie à annoter des rapports et des correspondances, à dicter ou à écrire des lettres. Sa correspondance amoureuse fut certainement considérable. Marie Mancini recevait de lui de véritables volumes de déclarations passionnées. Et nous savons que Colbert était souvent chargé de faire parvenir les lettres de son maître à la duchesse de La Vallière, ou à la marquise de Montespan. Mme de Maintenon aussi a reçu de lui de nombreuses lettres qui furent brûlées par celle-ci, après qu'elle se fût réfugiée à Saint-Cyr... Encore une fois, est-ce le Roi lui-même qui demanda ou qui imposa à ses maîtresses et à sa femme la destruction de sa correspondance intime ou amoureuse ? Cela est bien possible, cela est tout à fait dans le caractère de cet homme si renfermé, si volontairement mystérieux, qu'il n'en est point, dans l'histoire, dont l'intimité d'âme soit plus farouchement défendue contre toute espèce de curiosité.

On peut dire qu'il s'est constamment appliqué à ne laisser de lui qu'une image héroïque. Il voulait qu'on le crût étranger à toutes les ordinaires passions humaines, et, s'il se laissait aller à celles de l'amour, il tenait à honneur de les dominer, d'y paraître supérieur. Il va même jusqu'à écrire des phrases superbes comme celle-ci, où l'orgueil disparaît dans le sentiment très haut des devoirs et des responsabilités des rois : « Exerçant ici bas une fonction toute divine, nous devons paraître incapables des agitations qui pourraient la ravaler. Ou, s'il est vrai que notre cœur, ne pouvant démentir la faiblesse de sa nature, sente encore malgré lui ces vulgaires émotions, notre raison doit du moins les cacher, sitôt qu'elles nuisent *au bien public, pour qui seul nous sommes nés.* »

Personne n'a plus pratiqué que lui la maxime stoïcienne, dont Flaubert avait fait sa grande règle morale : « Cache ta vie ! » Lui, il aurait dit plutôt : « Cache ton âme ! » Il est un classique. Au lieu de s'étaler, de se livrer sans pudeur comme un romantique, il s'efforce de ne montrer de lui-même que ce qu'il a de plus noblement humain. Il aurait souhaité qu'il ne subsistât de lui, dans le souvenir des hommes, que des médailles, des bustes, des statues, des fresques ou des tableaux, des poèmes ou des inscriptions lapidaires, comme pour un héros des temps antiques, ou pour un dieu de la mythologie. Et l'on peut dire que ce vœu secret du grand Roi a été à peu près réalisé. Car enfin n'est-ce point une chose prodigieuse ? Cet homme qui a vécu constamment en public, qui, si l'on peut dire, faisait tout en public, qui a été traqué par les gazetiers et les pamphlétaires, investi par les historiens, dont la pauvre guenille humaine a été livrée à toutes les indiscrétions de la médecine et de la petite érudition, — cet homme a si bien dérobé son âme aux regards profanes, que nous

ignorons tout de sa vie intérieure, de sa pensée
personnelle et secrète. L'âme d'un Napoléon est
d'une transparence cristalline auprès de la sienne.
Il semble bien que, chez Louis XIV, l'Homme
ait été absorbé totalement par le Roi. Aux yeux
de la postérité, ce qui subsiste de lui, pour l'extérieur, c'est une silhouette dominatrice, une figure équestre, de marbre ou de bronze, le laurier
au front, le bâton de commandement à la main,
— c'est aussi une œuvre colossale qui a profondément marqué la face de notre pays. Mais,
pour son âme, elle est plus énigmatique, elle est
plus profondément murée dans le mystère que la
momie d'un pharaon dans sa cuve de granit et
dans les couloirs pleins de nuit de son hypogée.

Ce mystère même nous irrite. Nous voudrions
savoir. Nous voudrions connaître cet homme si
bien caché et surtout ce qu'il y a de plus intime
en lui, — l'amoureux. Ses amours ont fait dans
le monde un bruit immense. Et pourtant nous n'en
connaissons, de façon positive et vraiment historique, qu'un petit nombre de faits certains : tout
le reste est du pur roman. Circonstances tout exté-
rieures, péripéties toutes matérielles de tragédies
dont les dessous psychologiques nous sont à peu
près fermés et dont le sens reste à jamais obscur.
Tout ce que nous pouvons faire, c'est essayer

d'expliquer l'homme et l'amoureux par le Roi.
Le souverain, le constructeur de la France moderne, le bâtisseur, l'organisateur de la représentation monarchique, le grand chef enfin qu'a été
Louis XIV, nous éclairera peut-être en lui
l'homme passionné. Dans l'amour, en effet,
l'homme se donne tout entier. Toutes ses facul-
tés, toutes ses qualités entrent en jeu, il les étale,
il fait la roue devant l'objet de son amour. Il
met aux pieds de celle qu'il aime tous les trésors
de son âme. Ces richesses sentimentales, ces fa-
cultés transfigurées et exaltées par l'amour réagis-
sent à leur tour sur celui-ci, lui donnent sa colora-
tion, sa nuance, son accent spécial.

La qualité de notre amour dépend de la qualité de notre âme. Si mystérieuse que soit celle de
Louis XIV, il est impossible que le souverain
qu'il a été se soit trouvé en contradiction violente
avec l'amoureux qu'il fut aussi. Ce roi a dû aimer en roi. Ce héros a dû aimer héroïquement.

Rappelons donc, à grands traits, ce que fut
ce Fils de France, — corps et âme, — ce qu'il
apportait à ses maîtresses de beautés et d'agréments physiques, de sensibilité, de cœur, de volonté et d'esprit. Après cela, nous nous expliquerons peut-être mieux l'amant, puis l'ami sentimental qu'il est devenu, — nous le suivrons de-

puis les premiers balbutiements de son amour auprès de Marie Mancini jusqu'à ses ultimes con-
fidences et à ses larmes de vieillard désabusé,
auprès du rouet de Mme de Maintenon.

Et d'abord ce grand amoureux était-il beau ?

Les avis, à ce sujet, sont très partagés, pour
ne pas dire contradictoires, mais ils sont parfaitement conciliables.

Par exemple, la Grande Mademoiselle, la
cousine de Louis XIV, nous dit de lui : « C'est
le plus bel homme et le mieux fait de son royaume
et assurément de tous les autres... » En revanche,
Primi Visconti écrit dans ses *Mémoires* : « Le
Roi n'est pas beau, mais il a les traits réguliers,
le visage marqué de la petite vérole. Les yeux
comme vous voudrez : majestueux, vifs, espiè-
gles, voluptueux, tendres et grands. Enfin il a
de la prestance et, comme on dit, un air vraiment
royal. »

Ce qui ressort de ces deux textes, — et cela
nous est confirmé par la plupart des innombrables
portraits du Roi, — c'est que Louis XIV, avec
son visage couturé de petite vérole, ses traits réguliers, mais un peu gros, ses pommettes rondes,

son menton proéminent, n'était pas ce qui s'appelle un joli homme, une jolie figure, mais c'était assurément un fort bel homme, à le prendre dans l'ensemble de sa personne. C'était d'abord un vigoureux animal humain, d'une sensualité ardente, visiblement fait pour aimer les femmes et pour en être aimé. Il aimait le plaisir et la volupté comme un méridional. N'oublions pas qu'il était Espagnol par sa mère et Italien par sa grand'mère Marie de Médicis. Avec cela, naturellement, le goût des exercices physiques, du cheval, de la chasse, des jeux violents, ne se plaisant qu'à la campagne, en plein air, dans ses jardins, ses parcs, ses bois, dans les grandes forêts domaniales de Compiègne, de Saint-Germain, de Marly et de Fontainebleau. On le voit toujours enfermé et en cérémonie dans les salons de Versailles. C'est une erreur. Louis XIV fut, autant qu'il est possible, un monarque de plein air. On peut dire qu'il a aéré et ventilé la cour comme la monarchie, en les faisant sortir du morne Louvre de cette époque, et en les jetant en pleins bois, en pleine campagne. Il a passé presque toute sa vie à la campagne, si bien que ses détracteurs, les Parisiens surtout, mécontents d'être privés de la présence de la Cour, le traitaient de « gentilhomme campagnard » et répandaient le bruit qu'à Versailles la Cour avait perdu « le bel air », s'était enfoncée dans la rustrerie et la brutalité.

Il y avait du vrai dans ces critiques. Le Roi, à l'époque de son adolescence et de sa première jeunesse, était un gros garçon un peu lourd, un peu gauche et timide, surtout épris de chevaux, de chiens, de parades militaires et de beaux uniformes. Mais, en maître qu'il était, il sut bientôt se façonner et se polir, parce qu'il jugeait que cela était nécessaire pour son métier de souverain. Ce lourdaud devint un danseur incomparable : « Il danse divinement bien », dit de lui sa cousine, la Grande Mademoiselle. Ce timide apprit à se tenir en scène, à figurer dans des ballets, à paraître et à parler en public. A force de travail et d'empire sur lui-même, cet homme gauche arriva à donner l'impression de la grâce innée, en même temps qu'il séduisait par une élégance et une politesse exquises. Il donna enfin l'impression de la majesté personnifiée, il prit peu à peu, comme dit Primi Visconti, « un air vraiment royal », qui, au début, ne lui était point naturel. Il se refit, ou il se fit lui-même, corps et âme.

Comme toutes les natures vigoureuses, il était né bon, généreux, confiant ; il se montrait non seulement humain, mais familier avec ses domestiques, ses valets ; il se laissait approcher facilement et très débonnairement par les gens du peuple. Rappelons-nous l'histoire de ce maréchal-ferrant de Salon, en Provence, qui vint à Versailles, chargé, disait-il, pour le Roi, d'un message mystérieux. D'abord incrédule, le Roi finit par mander le maréchal-ferrant dans son cabinet, il l'écouta, à plusieurs reprises, avec beaucoup d'attention et de bienveillance et le renvoya défrayé de son voyage et gratifié d'un beau cadeau. Louis XIV était tellement secret qu'on n'a jamais su ce que le maréchal-ferrant lui avait dit. Tous les ans, à la Saint-Louis, un paysan de Versailles venait lui apporter un bouquet et lui souhaiter sa fête. Le Roi prenait le bouquet, répondait au bonhomme par un petit compliment, et lui faisait remettre une bourse pleine d'or.

Naturellement bon, — Saint-Simon lui-même en convient, — il était aussi d'une sensibilité très vive, presque maladive. Il s'attendrissait facilement, pleurait à la moindre émotion. Comme Racine, — et peut-être plus que Racine, — il avait le don des larmes. On se souvient de ces vers délicieux de Sainte-Beuve :

Jean Racine, le grand poète,
Le poète aimant et pieux,
Après que sa lyre muette
Se fût voilée à tous les yeux,
Ne savait que fondre en prière,
Pencher l'urne dans la poussière
Aux pieds du Seigneur et pleurer...

Il pleurait comme un exilé.
Pour lui, pleurer avait des charmes,
Le jour que mourait dans les larmes
Ou La Fontaine ou Champmeslé...

Il y avait assurément, chez le Roi, une sensibilité pareille à celle-là. On en pourrait citer mille exemples. Personne n'a ressenti plus que Louis XIV le déchirement ou l'amertume des séparations. Quand une princesse partait vers un trône lointain, vers un époux sinistre ou répugnant, une cour quelque peu ténébreuse et effrayante, le Roi ne se séparait de la victime qu'en sanglotant et en la baignant de ses larmes. Ce cœur tendre avait peur de faire de la peine : cela nous est attesté de la façon la plus formelle par les contemporains, — et c'est là un point capital en amour.

Enfin, comme rançon de cette sensibilité excessive, le Roi, surtout dans sa première jeunesse, était sujet à des accès de colère furibonde. A force de volonté, et, encore une fois, de travail sur lui-même, il parvint à refréner tout cela. Il sut dominer ses colères, contenir sa sensibilité, ses larmes, dompter son cœur et son amour même. Il ne demandait que vingt-quatre heures pour rompre avec une maîtresse devenue trop tyrannique et envahissante. Il entendait que l'amour ne fût, pour lui, qu'un divertissement entre deux tâches royales. Il croyait pouvoir dire :

Je suis maître de moi comme de l'univers.

En tout cas, il voulait qu'on le crût non seulement supérieur à la passion, mais même à la souffrance et à la maladie. Il supporta avec une constance admirable les plus cruelles opérations et les pires traitements de ses médecins. A peine opéré ou convalescent, il se montrait en public, parce qu'il estimait que cela importait à la tranquillité de l'État. Un Roi n'a pas le droit d'être malade. Lui il voulait donner à son peuple l'impression que la maladie pas plus que la fatigue ne pouvait l'atteindre. Pour le populaire, il commandait jusqu'aux éléments. Primi Visconti nous raconte très sérieusement qu'il suffisait que le Roi sortît pour que la pluie cessât : il ramenait le beau temps !

Ainsi, la vie de Louis XIV n'a été qu'un perpétuel travail sur lui-même, un perpétuel con-

trôle de sa pensée et de ses sentiments. Il a été
un véritable héros de la volonté. Mais il n'a pas
été seulement une volonté héroïque, il a été aussi
une volonté géniale, — un génie à base de bon
sens, ce qui est assez rare, un génie qui avait au
plus haut degré le sens de la mesure, l'instinct
du réel et du possible. On a tellement appuyé sur
les qualités moyennes de Louis XIV qu'on a fini
par oublier ses qualités tout à fait supérieures et
hors de pair. L'homme de mesure et de bon sens
a fait oublier en lui l'homme de génie. Au vrai,
ç'a été en même temps qu'un réaliste et un homme
de commandement comme il s'en est rarement vu,
un inspirateur et un créateur de tout premier
ordre.

Et d'abord quel moraliste de son siècle eut
jamais de la nature humaine une connaissance
plus fine et plus profonde que ce souverain, qui
considérait comme de son devoir de *tout savoir*,
de connaître tout ce qui se passait en France et
à l'étranger et qui apportait en outre une véritable curiosité de dilettante à lire les lettres d'a-
mour et tous les documents que lui livrait sa police
secrète, qui prenait, à les déchiffrer, le même
plaisir qu'un romancier d'aujourd'hui ? Quelle
tragédie de Racine, quelle peinture des passions
pouvait surprendre cet homme qui vivait au mi-

lieu des pires drames, qui côtoyait sans cesse des assassins et des empoisonneurs, — et qui le savait. Les assassins et les conspirateurs de théâtre devaient lui paraître bien mesquins, bien puérils au prix de la réalité.

A cette vue exacte et positive des choses le Roi ajoutait ce don de l'inspiration qui est comme une forme supérieure de l'invention. Il a été un inspirateur, un créateur si complet et si éblouissant que l'imagination même d'un Balzac s'efforçant de nous représenter un type extraordinaire d'autocrate et de grand chef national n'eût rien trouvé d'approchant. Si l'on veut être juste, qu'on songe à tout ce que Louis XIV a ajouté à l'image de la monarchie traditionnelle et aussi à tout ce qu'il a réalisé en pleine connaissance de cause. L'homme qui a inventé Versailles, la Cour, la représentation monarchique avec son décor et ses fêtes, l'homme qui a donné un tel prestige à la royauté, — prestige inconnu avant lui, — qui, en outre, a eu de sa fonction une conscience aussi haute, aussi étendue, qui a eu une telle idée de ses devoirs et de ses responsabilités, de l'œuvre à mettre debout, qui a conçu la France comme un lieu de beauté, de félicité, de gloire militaire, de gloire intellectuelle et spirituelle, qui s'est vu en un mot comme un dieu terrestre et qui a trouvé, pour exprimer tout cela, un style et des accents dignes de Bossuet, — cet homme-là est assurément un très grand homme et un homme de génie.

Ayant ainsi conscience de ce qu'il est et de ce qu'il vaut, sachant avec cela qu'il est le maître — et un maître adoré de ses sujets, — il est clair que Louis XIV n'a pu être un amant comme les autres. Si épris qu'il fût, — et il l'a été à de certains moments, — il ne pouvait oublier quel don il faisait à ses maîtresses avec le don de lui-même. Il avait beau vouloir n'être qu'un amoureux, il restait le Roi, — un roi qui rêve d'être un héros. Et, — lui-même nous l'a dit, — il savait bien que ses maîtresses l'eussent moins aimé, s'il n'avait pas été tout cela, s'il n'avait eu toutes ces ambitions. Précisément parce qu'il les avait, parce qu'il était tout cela, il ne pouvait pas être qu'un amoureux, un Don Juan qui ne vit que pour l'amour. Lui il avait beau aimer les femmes et l'amour, il avait autre chose à faire que d'aimer, il avait à faire son « métier de roi », comme il disait, — et il entendait s'en acquitter glorieusement. Et ainsi il n'avait ni le temps ni le droit d'aimer comme tout le monde : l'objet de son amour était plus haut que l'amour...

PREMIÈRE PARTIE

L'AMOUREUX

Cette conscience de lui-même, — de ce qu'il était, de ce qu'il valait, de ce qu'il représentait, — Louis XIV, est-il besoin de l'ajouter ? n'y atteignit que petit à petit. Il commença par aimer comme tout le monde, c'est-à-dire à la mode du jour, car il est rare qu'un adolescent ou qu'un jeune homme aime naturellement. L'amour, — je ne dis pas la sensualité, — n'est souvent, chez lui, qu'un cas de mimétisme. Si sincèrement passionné qu'il soit, il se mêle toujours à la naïveté de sa passion un certain souci de son attitude devant lui-même et devant celle qu'il aime, — et cette attitude est réglée par la littérature et les élégances du temps. Et c'est ainsi que Louis XIV,

aima d'abord selon la galanterie et le code amoureux des précieuses.

Il est facile de dresser une liste de ses con-
quêtes. Ce carnet de Don Juan a été composé
maintes fois par les érudits. Faut-il citer des
noms ? Il n'est que de prêter l'oreille aux
commérages de la Cour. Ce seraient la comtesse
de Beauvais, — surnommée Cateau, et qui passe
pour avoir déniaisé le Roi dans un âge encore
tendre — puis Mlle de la Mothe-Houdancourt,
Olympe Mancini, sa sœur Marie, Mlle de La Vallière, Mme de Montespan, Mlle de Théobon,
Mme de Monaco, Mme de Soubise, Mlle de Ludres, Mlle de Fontange... Et ce ne serait qu'un
jeu de continuer l'énumération. Mais, à part
quatre ou cinq de ces dames, il est impossible
d'affirmer qu'elles furent effectivement les maîtresses du Roi. Ce qu'il y a de sûr c'est qu'elles
ont été distinguées par lui, sans qu'on puisse dire
jusqu'où est allée avec elles la galanterie royale.
Laissons de côté les simples caprices ou les passades obscures et allons droit à l'essentiel. Il
paraît certain que Louis XIV n'a aimé de cœur
que deux femmes, dans toute sa vie : Marie Mancini et Louise de la Vallière, et cette dernière
certainement moins que l'autre. Cette deuxième
passion ne fut guère qu'une reviviscence, une

continuation de la première. A la rigueur, on pourrait prétendre que Marie Mancini a été le premier et le seul amour du Roi.

Cela commença au mois de décembre de l'année 1656. Louis XIV avait alors dix-huit ans, Marie Mancini un peu moins. Ce fut un commerce tout plein de littérature. On lisait ensemble les romans et les tragédies en vogue ; on échangeait les billets doux et les petits soins, ou on s'écrivait de longues épîtres, comme les héros du *Cyrus* et de la *Clélie*. Dans ses mémoires, Marie Mancini nous dit que, lorsqu'elle était à Brouage, le Roi lui envoyait de véritables volumes : « Sa Majesté ne songeait qu'à m'expédier des courriers chargés de cinq lettres de plusieurs pages chacune ». On passait des nuits entières à se promener et à s'adorer, au clair de lune. On chevauchait de concert à travers les bois, ou le long des grandes routes. C'était une passion juvénile, très romanesque et même déjà passablement romantique, où il entrait bien de l'artifice et de la vaine gloire, mais qui néanmoins s'exaltait sans cesse, tout en restant platonique, comme le voulait la galanterie d'alors.

Le Roi était, à cette époque, un vigoureux
jeune homme, aux traits un peu gros, mais avec
les plus beaux yeux du monde. Parmi la multitude
des portraits royaux, contemporains de cette période, qui va de 1655 et 1665 environ, il en est
deux surtout qui semblent tout particulièrement ré-
vélateurs. L'un d'un caractère nettement réaliste,
est un grand portrait en pied, qui appartient à
Mgr le duc de Vendôme. Le jeune prince est en
tenue de combat, éperonné et botté de fortes bottes
à entonnoir, revêtu de son *buffle,* — longue ca-
saque de cuir qui descend jusqu'aux genoux et
que serre à la taille une écharpe blanche. De la
main droite il tient le bâton de commandement ;
de la gauche il désigne un tableau masqué à demi
par une tenture et qui, autant qu'on en peut juger,
illustre une scène de bataille ou une prise de
ville, — la bataille des Dunes, la prise de Stenay
ou de Montmédy. La tonalité de la composition
est austère, le visage du Roi est grave : il a l'air
préoccupé, pour ne pas dire inquiet. C'est déjà
le politique, le chef d'État et le chef d'armées,
l'esprit positif et méthodique, qui, même dans
tout le paroxysme de la passion amoureuse,
saura rester le maître de son cœur et de sa
pensée.

L'autre portrait, c'est le fameux buste de

Bernin, œuvre lyrique et un peu grandiloquente, où la physionomie du Roi est certainement très idéalisée, mais qui n'en traduit pas moins, avec une puissance singulière, l'état d'âme de Louis XIV, à ce moment de sa destinée. Le profil, qui rappelle étrangement celui de Bonaparte vers le même âge, a quelque chose de hardi et de dominateur. Tout un rêve de gloire se lit dans ces prunelles dardées vers un but fascinant et précis, mille visions splendides s'amassent sous la courbe robuste de ce front et sous les arcs de ces sourcils olympiens. Mais la face exprime tout autre chose : la bouche, un peu forte, trahit une sensualité avide et comme une soif de baisers ; les narines palpitent, les yeux sont noyés de langueur, les orbites marquées de meurtrissures voluptueuses. Et tout le visage dit un accablement presque douloureux avec un désir inextinguible. Aucun portrait n'atteint à une vérité psychologique plus parfaite, ne nous révèle mieux l'amant juvénile de Marie Mancini et de Louise de La Vallière.

Quant à Marie, cette nièce de Mazarin, cette jeune Italienne, si promptement acclimatée en France, nous avons d'elle aussi une foule d'effigies plus ou moins ressemblantes. Malgré la flatterie obligatoire du portraitiste, il est aisé de voir qu'elle n'était pas belle, comme d'ailleurs nous en assurent sans ambages la plupart des contemporains. Un des auteurs anonymes de *La France galante* déclare tout crûment qu'elle avait l'air d'une fille d'auberge, d'une « cabaretière », laide, grosse, noiraude, criarde et mal embouchée. Ce sont là, évidemment, propos de pamphlétaires, mais la pénétrante observatrice qu'était Mme de la Fayette se montre au moins aussi sévère : « Mlle de Mancini n'avait, dit-elle, aucune beauté. Il n'y avait nul charme dans sa personne et très peu dans son esprit, quoiqu'elle en eût infiniment. Elle l'avait hardi, résolu, emporté, libertin et éloigné de toute sorte de civilité et de politesse... »

Pourtant un moment vint où cette personne désagréable et franchement laide finit par prendre une sorte de séduction et de beauté : ce fut quand l'amour du Roi réussit à la transfigurer. La Cour assista à une véritable métamorphose de « la cabaretière ». C'est ce moment unique que semble avoir fixé le pinceau de Mignard dans un portrait de Marie Mancini, qui est au musée de Berlin. Figure mutine, presque enfantine, avec une petite bouche, un petit nez retroussé, des yeux comme des diamants noirs, une magnifique chevelure brune, simplement partagée en deux ban-

deaux ondulés. Pour toute parure, des perles aux
oreilles et au cou... Cette petite fille a l'air pro-
digieusement intelligente et fûtée. Et il faut
bien avouer qu'à cette époque au moins elle était
charmante.

Le Roi n'avait donc pas si mauvais goût quand
il la choisit. Il la vit pour la première fois, en
allant prendre des nouvelles de Mme Mancini, la
sœur de M. le Cardinal et la propre mère de
Marie. Cette dame, atteinte d'une grave maladie, se mourait alors, au Louvre, dans une des
chambres du second étage. Le Roi, en se rendant chez Mme Mancini, traversait la chambre de
Marie. C'est ainsi que les deux jeunes gens se
virent, se parlèrent et se plurent. Mais cet amour,
né dans les combles du vieux palais, pour ainsi
dire au chevet d'une mourante, ne prit son essor
qu'au grand air, à la campagne, dans la liberté
des parcs et des grandes forêts royales : à Compiègne, à Vincennes, à Fontainebleau...

A Vincennes, le Cardinal s'était fait construire une maison des champs, dans le goût et
avec le faste des villas italiennes. Ce véritable
palais, aujourd'hui souillé et saboté abominablement par l'administration militaire, est dans un
état de délabrement pitoyable. Mais on peut y
admirer encore une magnifique cage d'escalier,

toute lambrissée de glaces qu'on imita plus tard à Versailles, des plafonds peints à fresques, des panneaux, des dessus de porte et des boiseries du plus grand style. Ce qui frappe surtout, c'est l'aspect clair, lumineux et joyeux des salles, l'habile disposition des appartements, — la physionomie toute moderne de cette bâtisse. Au sortir du sombre Louvre, cela dut faire l'impression la plus heureuse sur Louis XIV adolescent. Marie Mancini, si moderne, elle aussi, dans toutes ses allures, donnait, comme la maison de son oncle, une vive impression de nouveauté, de jeunesse et d'intelligence : elle était, aux yeux du Roi, la nymphe de ces beaux lieux.

Durant l'été de 1658, à Fontainebleau, les deux amants se virent plus intimement encore qu'à Vincennes et au Louvre. On aurait dit que quelqu'un d'intéressé favorisait leurs rencontres. Ce n'étaient que chevauchées en forêt, collations, sérénades, promenades nocturnes sur le grand canal. Un jour, au Franchart, le Roi entraîna son amie à l'escalade des roches. Il y avait de quoi, dit la bonne Mademoiselle, « se rompre bras et jambes et même se casser la tête... » Mais les jeunes gens ne paraissaient nullement fatigués. Le Roi fit venir les violons et l'on dansa sur l'herbe jusqu'à la tombée de la nuit.

Ils finirent par se prendre à leur propre jeu et par devenir, — du moins à de certains moments, — follement épris l'un de l'autre. Au début, il semble bien qu'il n'en ait pas été ainsi. Louis cherchait en Marie une amante qui lui fît honneur, une passion de grand caractère, digne de son rang et du cavalier parfait, de l'homme du bel air, qu'il se piquait d'être. Et Marie ne voulut d'abord que se venger des dédains de sa famille et surtout de sa sœur Olympe, en lui prenant son amoureux. Car Louis XIV avait commencé par courtiser Olympe Mancini. Ce qu'elle cherchait dans cet amour royal, c'était une revanche, un triomphe d'orgueil. D'abord écraser la superbe Olympe ! Après cela on verrait !... Pourtant, quand on connaît un peu cet âme ambitieuse et effrénée, il semble bien impossible que, dès le premier jour, elle n'ait pas caressé, tout au fond de sa conscience, l'espoir d'être reine.

Si c'était vrai, du moins elle n'en laissait rien voir. Pendant les deux premières années de leurs platoniques amours, les deux amants, en effet, ne paraissent pas avoir voulu être autre chose que des amants, selon la formule littéraire et romanesque du temps. Louis s'évertue à éblouir sa maîtresse par toutes les prouesses chevaleresques dont un jeune héros peut être capable. Pendant le siège de Montmédy, il s'exposait volontairement au danger, afin de voir briller les yeux de Marie, quand on racontait ses exploits devant la jeune fille. La Grande Mademoiselle qui avait suivi la Cour à Sedan nous décrit ainsi une de ces scènes : « Le Roi arriva de Sedan, le mardi, à deux heures après-midi. La Reine mère l'attendait à dîner. Il vint au galop et arriva si mouillé et si crotté que la Reine me dit, en le voyant en cet état, par la fenêtre : — « J'ai envie que vous ne le voyiez que lorsqu'il aura changé d'habit !... » Il entra et, quelque négligé qu'il fût, je le trouvai de bonne mine... Le Roi se mit à conter des nouvelles de Montmédy... qu'à un endroit, dans les bois, on avait tiré sur le carrosse où étaient Montaigu et Bartet, que l'on avait percé le carrosse et blessé le cocher... Le Roi qui avait entendu le bruit avait monté à cheval et était allé dans le bois, où on avait pris dix ou douze fusiliers qui y étaient... »

Tous ces beaux récits n'étaient faits que pour Marie, qui se trouvait là, dans la chambre de la

Reine, et qui écoutait, rouge de plaisir et pal-
pitante d'émotion. Louis s'efforçait ainsi de co-
pier les héros des romans qu'il avait lus avec
son amie. Tous deux semblaient admettre taci-
tement que cet amour exalté se concilierait avec
le mariage de l'un et de l'autre, même s'ils ne
pouvaient pas s'épouser. Mariés ailleurs, ils con-
tinueraient à s'aimer et peut-être d'autant plus.
Encore une fois, c'était d'abord un amour platonique qui resta tel jusqu'au bout. Les contemporains donnent à entendre que, s'il en fut ainsi,
c'est parce que Marie, en froide ambitieuse, sut
tenir la dragée haute à son amant. D'autres rap-
pellent que la jeune fille était bien gardée par une
terrible duègne, cette Mme de Venel, femme d'un
magistrat d'Aix, que le Cardinal avait spécialement chargée de chaperonner ses nièces. Il faut
bien avouer aussi que le hasard dut jouer un rôle
providentiel dans cette aventure. Car enfin comment s'expliquer que deux jeunes gens aussi pas-
sionnés l'un que l'autre aient pu passer des heures
et quelquefois des nuits en tête à tête, sans qu'il
en résultât rien d'irréparable pour l'honneur de
l'un et de l'autre ? Qu'on songe au tempérament
du Roi et à sa violence sensuelle !... Mais,
après tout, une telle retenue était peut-être
possible à ces âmes nourries du platonisme litté-

raire le plus exalté. Alors, l'explication la plus simple, ce serait que le Roi respecta Marie, parce qu'il l'aimait d'un amour presque religieux.

Quoi qu'il en soit, cet amour, comme dans les romans de l'époque, paraissait parfaitement conciliable avec le mariage, — le mariage avec un autre. Lorsqu'à la fin de l'année 1658, la Cour se rendit à Lyon, soi-disant pour les fiançailles de Louis XIV et de la princesse Marguerite de Savoie, Marie Mancini accompagna le Roi. Si nous remarquons que jamais les deux amants ne se virent davantage qu'au cours de ce voyage, ne furent plus continuellement ensemble, ni plus occupés l'un de l'autre, il faut bien reconnaître que tous deux admettaient la possibilité de s'aimer malgré le mariage du Roi.

Et puis il advint que le Roi de France n'épousa point la Princesse Marguerite, que Marie Mancini fut pour quelque chose dans la rupture, et qu'en fin de compte Louis XIV revint de Lyon, bien décidé à épouser sa maîtresse.

Et pourtant il ne l'épousa point, — et ce fut, avec la mort de sa mère, le plus grand chagrin de toute sa vie. Il se jeta aux genoux d'Anne d'Autriche et du Cardinal Mazarin qui s'opposaient à cette union. Il versa des torrents de

larmes, il en devint positivement malade. Après
une de ces scènes pathétiques, la Reine-mère disait à sa confidente, Mme de Motteville :

— « Si vous voyiez le Roi, il vous ferait
pitié ! »

Lui, il était prêt à tout pour épouser celle qu'il
aimait. Il imposerait sa volonté, il ferait taire le
Cardinal et sa propre mère, il les exilerait au
besoin, il ameuterait contre lui l'opinion de tout
son royaume, il s'exposerait à perdre sa couronne. Peu lui importait, pourvu qu'il épousât
Marie !... C'est la passion dans toute sa fureur
aveugle et, si l'on peut dire, dans tout son ro-
mantisme.

Mais les choses ne sont pas si simples que
cela. Si follement épris qu'il fût, il ne céda point
à sa passion, d'abord parce que Mazarin était là
pour l'en empêcher. C'est du moins la raison
qu'il se donna à lui-même avec tous ses contemporains. Mais il est infiniment probable que dans
les limbes de sa conscience, — et bien qu'il ne
voulût pas se l'avouer à lui-même, — il avait
renoncé à épouser Marie. Si Mazarin n'avait pas
été là, il se fût certainement trouvé quelqu'un
d'autre pour empêcher le Roi de commettre cette
sottise. Le chef qu'il était déjà sentait qu'il n'é-
tait pas né précisément pour être l'époux de la

petite Mancini, — une folle et une aventurière,
— et qu'il avait autre chose à faire dans le
monde.

Néanmoins, il n'arriva à se détacher d'elle que
petit à petit. Il fallait donc qu'il l'aimât profondément. Car il avait fini par se convaincre que sa
maîtresse ne l'aimait que pour être reine. L'a-
mour de Marie pouvait, à de certains moments,
être sincère, il n'était pas désintéressé. La preuve
la plus évidente de ces calculs tout personnels
chez la jeune fille, c'est que, le mariage du Roi
une fois décidé, elle accepta assez facilement de
rompre avec lui toutes relations. Pourtant, lorsqu'ils s'étaient rencontrés à Saint-Jean-d'An-
gély pendant l'été de 1659, ils s'étaient formel-
lement promis de continuer à s'aimer, même après
leur mariage à tous deux, puisqu'on les obligeait
l'un et l'autre à se marier contre leur gré. Marie
ne tint pas sa promesse, tandis que le Roi tint
la sienne. A plusieurs reprises, après son mariage, il essaya de renouer avec elle, toujours inutilement. Le coup de grâce, pour lui, fut d'apprendre que l'infidèle désirait épouser le prince
Charles de Lorraine. Elle ne s'en cachait pas.
On sut même persuader au Roi que Marie était
réellement amoureuse du Prince. Rien ne pouvait blesser plus profondément Louis XIV. Non

seulement cette maîtresse adorée donnait son
cœur à un autre, mais cet autre était un des
pires ennemis de la France. Le souverain et
l'amant étaient blessés ensemble par cette trahison amoureuse. Il fallait bien le reconnaître : du
moment que ce n'était plus pour être reine, l'ambitieuse nièce de Mazarin ne tenait que médiocrement à l'amour du Roi. On pouvait même prévoir
quelque chose de pire, c'est que cette intrigante,
une fois mariée au prince Charles, — soit par
représailles, soit par besoin d'agitation et de
vaine grandeur, — allait lui souffler des idées de
revanche et dresser encore une fois la Maison de
Lorraine contre la Maison de France.

De cette aventure romanesque, le jeune roi,
qui était un esprit réfléchi, très observateur, toujours en défiance, tira un certain nombre de con-
clusions, bonnes pour sa conduite future. D'abord
il ne tarda point à s'apercevoir que, dans toute
cette affaire, il avait été manœuvré fort habilement, et quelquefois assez vilainement par le Cardinal. Encore plus que sa nièce, l'Italien s'était
joué de cet amant naïf, de ce débutant de l'a-
mour et de la galanterie. En ministre tout-puis-

sant qui entendait mener son maître à sa guise, il avait commencé par favoriser l'inclination du royal soupirant pour la petite Mancini. Il espérait que celle-ci, qui lui devrait tout, serait entre ses mains une créature docile et que, le Roi ayant pris en main les affaires du royaume, il continuerait à le gouverner par l'intermédiaire de sa nièce.. Peut-être qu'au début il ne répugnait pas à l'idée de marier celle-ci avec son filleul. (Car Mazarin était le parrain de Louis XIV). Et puis il eut tôt fait de se convaincre que Marie le détestait, qu'elle le desservait auprès du Roi, que, si jamais elle devenait Reine, elle n'aurait pas de cesse qu'elle ne l'eût fait renvoyer. Alors le rusé Cardinal changea ses batteries. Quand Louis eut avoué sa passion pour Marie, il s'employa de toutes ses forces à rompre le mariage qui s'annonçait, en mettant en avant la raison d'État et une foule d'autres raisons très nobles et très élevées. Il sépara brutalement les deux amoureux. Cela ne lui suffit pas : il s'ingénia à les brouiller et il y réussit. Il fit croire à Marie que Louis la trompait avec sa sœur Olympe, la comtesse de Soissons. Plus tard, lorsqu'il put craindre une réconciliation entre le Roi et sa nièce, il sut faire persuader à Louis que Marie était follement amoureuse du prince Charles. L'amour du Roi ne résista pas à cette trahison vraie ou fausse.

Une fois dégrisé de son exaltation romanesque, il se rendit compte, peu à peu, de tout ce travail souterrain. La première conclusion qui se dégagea pour lui, c'est qu'un roi est continuellement trompé par ceux qui l'entourent et que rien n'est plus difficile à trouver pour lui qu'un ami, ou une amie, en qui il puisse avoir une confiance absolue. D'autre part, la conduite de Marie, en cette aventure, lui prouvait qu'aucune femme ne pouvait être absolument sincère avec lui, attendu que c'était le Roi, la Couronne et tous ses avantages, qu'on aimait en lui. Donc, défiance à l'égard des femmes et de l'amour des femmes. Enfin le détachement de sa maîtresse lui témoignait qu'une femme était incapable de se sacrifier à la raison d'État. Lui, il avait accepté ce sacrifice, en se résignant à épouser l'Infante. Marie, au contraire, n'avait pas voulu admettre la raison d'État. Elle s'était détournée de lui, quand elle avait vu qu'il ne pouvait pas l'épouser.

Eh bien, soit ! Il ne se révolterait point contre les nécessités de sa condition, contre la force des choses : il irait jusqu'au bout de l'acceptation. Puisque c'était le Roi qu'on recherchait et que peut-être on aimait en lui, il serait roi, même en amour. Désormais, il semble dire à ses maîtresses : « Aimez-moi, si vous voulez, mais n'oubliez pas que je suis le Roi, c'est-à-dire un être qui est comptable à l'État de tous ses instants, qui doit immoler à l'État ses sentiments les plus chers, qui est responsable devant l'opinion, sur qui le public a constamment les yeux et qui, de par sa fonction, est constamment en représentation. Je suis obligé de me gêner beaucoup et je me soumets à cette gêne, quoiqu'il m'en coûte. Vous ferez comme moi. Vous vous gênerez aussi. Vous n'êtes pas seulement ma maîtresse, vous avez une charge de Cour, vous êtes dame d'honneur, surintendante de la Reine, duchesse à tabouret : à ce titre, vous monterez dans mes carrosses avec ma femme, vous me suivrez aux armées, à la campagne, vous assisterez à mes dîners, à mes bals et à mes fêtes, même si vous n'en avez pas envie, même si vous êtes malade. Vous appellerez peut-être cette exigence un égoïsme affreux. Moi j'appelle cela remplir les devoirs de sa charge. Vous ferez comme moi : je remplis les devoirs de ma fonction, même quand je n'en ai aucune envie, même malade, même au péril de ma vie... N'oubliez pas que vous êtes la maîtresse du Roi et non d'un particulier, que le Roi ne peut pas braver l'opinion, scandaliser le public par sa conduite. Donc nos amours seront secrètes et nos ruptures aussi. Vous n'aurez pas le droit de faire du scandale quand je ne vous aimerai plus, — car enfin tout arrive, — ni d'étaler avec fracas votre pénitence, si, par hasard, vous vous repentez de m'avoir aimé. Vous aurez de la tenue comme j'en ai moi-même, et, si vous aimez les grands mots, vous serez les martyres de la tenue, comme je le suis, moi aussi : il n'y a de grandeur que dans la contrainte !... »

Si secrète qu'ait toujours été la pensée intime de Louis XIV, toute sa conduite amoureuse nous prouve bien qu'il pensait ainsi. Il allait même plus loin. Osons scruter les derniers replis de sa conscience : il est certain que, comme roi, il avait une haute idée de lui-même. S'il considérait sa fonction comme un sacrifice perpétuel à l'État, il estimait que lui, le Roi, il valait la peine qu'on se sacrifiât complètement à lui. On lui avait assez dit qu'il était un dieu terrestre, un Christ vivant. De même que le Chrétien met son bonheur suprême à se sacrifier pour son Dieu, on devait mettre tout son bonheur à se sacrifier pour lui. Il se donnait de la peine, une peine de tous les instants, pour les autres, pour le bien public. A ce titre, il méritait quelque dédommagement, quelque récompense. Cette récompense, ce serait de se gêner, de s'immoler pour lui, s'il le fallait, de l'accepter avec ses duretés, ses caprices, sa personnalité écrasante et quelque peu tyrannique... Évidemment, des sentiments comme ceux-là sont difficiles à admettre et à comprendre en nos temps démocratiques. Mais songeons à ce qu'était, au XVII° siècle, en France, l'idolâtrie monarchique : nous nous expliquerons que Louis XIV ait pu tout naturellement penser ainsi. J'ajoute que, même aujourd'hui, il n'est pas excessivement rare de rencontrer un égoïsme de cette qualité chez des hommes qui se savent ou qui se croient des héros, ou des hommes de génie.

Pourtant, si positif, si personnel que Louis XIV voulût être en amour, il était trop amoureux de caractère et de tempérament, pour ne pas essayer d'aimer encore, au sens le plus romanesque du mot. Et c'est ainsi que, malgré toutes ses défiances, malgré sa récente et malheureuse expérience, il se laissa aller à aimer Louise de la Vallière.

Cette nouvelle idylle eut pour cadre Fontainebleau et Versailles naissant, — le Fontainebleau des chasses, des collations sur l'herbe, des fêtes nocturnes sur le grand canal, le Versailles

des bosquets, des labyrinthes et des grottes à sur-
prises.

C'était pendant l'été de 1661. On eut, cette
année-là, un mois de juin et un mois de juillet
brûlants. La Cour, qui avait suivi le Roi à Fontainebleau, était constamment en fête. On vivait
dehors, dans les jardins, dans le parc, dans la
forêt surtout. Madame Henriette d'Angleterre
récemment mariée à Monsieur, frère du Roi, était
l'âme de ces fêtes, l'excitatrice de tous les plaisirs. « Elle disposait, dit Mme de La Fayette, de
toutes les parties de divertissement : elles se faisaient toutes pour elle, et il paraissait que le Roi
n'y avait de plaisir que par celui qu'elle en recevait. C'était dans le milieu de l'été. Madame
s'allait baigner tous les jours. Elle partait en
carrosse à cause de la chaleur et revenait à
cheval, suivie de toutes les dames, habillées ga-
lamment, avec mille plumes sur leur tête, accom-
pagnées du Roi et de la jeunesse de la Cour.
Après souper, on montait dans des calèches, et,
au bruit des violons, on s'allait promener une
partie de la nuit autour du canal... »

En effet, à ce moment-là, Louis XIV se donnait des airs de soupirant auprès de sa belle-
sœur. Déjà, le bruit se répandait qu'il en était
réellement amoureux. Marié, l'année précédente,

— et marié malgré lui, — à l'Infante Marie-Thérèse, personne laide et sans agrément d'aucune sorte, laquelle, d'ailleurs, se trouvait dans un état de grossesse avancée, il cherchait des consolations extra-conjugales. Quelle bizarrerie qu'il ait alors jeté les yeux sur la duchesse d'Orléans, cette jeune Henriette, qu'il avait commencé par dédaigner ! On connaît son mot féroce sur sa future belle-sœur, qui, avant son mariage, était, paraît-il, d'une maigreur extrême. Il aurait dit à Monsieur :

— « Mon frère, êtes-vous si pressé d'épouser les os des Saints Innocents ?... »

Mais quelques mois avaient suffi pour transfigurer la jeune fille disgraciée. Il est infiniment probable que ce changement n'était pas dû à Monsieur, le moins aimable des hommes. Henriette, jeune mariée, elle aussi, comme son beau-frère, cherchait comme lui des consolations en dehors du mariage. Elle aimait le comte de Guiche, un des favoris de son triste époux : « C'était, nous dit encore Mme de La Fayette, le jeune homme de la Cour le plus beau et le mieux fait, aimable de sa personne, galant, hardi, brave, rempli de grandeur et d'élévation... » Et c'est cette passion secrète pour ce beau jeune homme qui avait embelli la maigre Henriette, au

point que le Roi la trouvait de plus en plus sé-
duisante. Il allait se brûler au feu de ses beaux
yeux noirs.

Madame, quoique sincèrement amoureuse de
Guiche, se laissait courtiser. Elle goûtait un
plaisir de vengeance à réduire l'insolent qui,
d'abord, avait fait mine de la rebuter. Peut-être
même qu'elle se fût détournée de Guiche pour se
donner à son ardent beau-frère, tellement le prestige du Roi était tout-puissant sur les âmes féminines d'alors ! Mais Louis XIV, très perspicace
et toujours très défiant, dut se douter de ce manège de coquetterie. Il soupçonna l'insincérité de
Madame. Or il voulait être aimé de celle qu'il
aimait. Ce don absolu de sa maîtresse, il mettait
cela au-dessus de tout. La sincérité amoureuse
passait pour lui avant la beauté. Et c'est peut-
être pourquoi il songea d'abord à Mme Henriette,
laquelle n'était assurément pas belle. Mais les
arrière-pensées qu'il devinait en elle et surtout
la crainte du scandale le rejetèrent vers d'autres
amours. Car le Roi avait une horreur innée du
scandale, comme de toute espèce de désordre.
Quel bruit dans toute la Cour, peut-être dans
tout le royaume, si l'on savait qu'il aimait sa
belle-sœur ! Déjà sa mère lui avait adressé de
sévères remontrances au sujet de ses assiduités

auprès de la jeune femme... Toutes ces raisons firent que l'époux mal marié tourna les yeux vers une demoiselle d'honneur de la duchesse d'Orléans elle-même, la fille d'un petit gentilhomme tourangeau, Louise de La Baume Le Blanc, — la future duchesse de La Vallière.

Louise, elle non plus, n'était pas belle. Les pamphlétaires du temps affirment que, comme Louis XIV lui-même, elle était quelque peu marquée de la petite vérole. Les deux amants étaient grêlés. On ne peut croire que cette commune et légère disgrâce physique ait contribué d'abord à les rapprocher. En tout cas, cette tare ne paraît pas douteuse chez La Vallière. Autrement, les contemporains les plus bienveillants n'auraient pas tant insisté sur l'extrême blancheur de son teint. Avec cela, des paupières un peu lourdes, une bouche trop grande, une boiterie mal dissimulée. Pour sentir le charme de cette douce jeune femme, il ne faut pas regarder ses derniers portraits, ceux où elle figure en duchesse, sous le harnais de Cour, avec toutes ses plumes sur la tête et tous ses bijoux sur le dos. Elle a l'air d'une brebis maigre. On voit qu'elle a souffert et qu'elle a beaucoup pleuré. Son regard est triste, ses traits se sont allongés et durcis, et il y a une grande amertume dans le pli de ses lèvres. Le plus séduisant portrait que nous ayons d'elle, — sinon le plus ressemblant, du moins le plus touchant, le plus véridique, au fond, celui qui exprime le mieux l'âme de La Vallière, — c'est ce portrait, œuvre de Mignard, où elle est représentée relevant, d'un geste pudique, une draperie tombante, qui cache à demi sa gorge. Là, on comprend le charme de ses beaux yeux bleus et celui de tout son visage et de toute sa personne, charme ingénu et presque virginal, qui faisait oublier des défauts trop visibles. Sur le genre d'attrait qu'elle exerçait, la note juste semble bien avoir été donnée par l'abbé de Choisy, subtil connaisseur de toutes les choses féminines : « Elle n'était pas, dit-il, de ces beautés toutes parfaites qu'on admire souvent sans les aimer. Elle était fort aimable, et ce vers de La Fontaine :

Et la grâce, plus belle encore que la beauté,

semble avoir été fait exprès pour elle. »

Cette adolescente un peu disgraciée, cette petite personne obscure et timide semblait faite tout exprès, elle aussi, pour être une maîtresse selon le cœur du Roi. Comme ses ministres tirés d'une bourgeoisie sans gloire, elle n'apportait rien qui la désignât pour un rôle éclatant. Elle devrait tout au choix du maître, et ainsi il y avait des chances pour que cette humble créature, ne fût-ce que par reconnaissance, aimât celui qui avait daigné jeter les yeux sur elle. Ces calculs eurent certainement une influence sur les sentiments de Louis XIV à l'égard de La Vallière. Mais ils furent à demi inconscients et ils ne se formulèrent pas tout de suite. D'abord, le Roi, d'accord en cela avec Madame, s'était avisé de feindre une galanterie pour La Vallière, qui était une de ses filles d'honneur, afin de justifier ses assiduités auprès de sa belle-sœur. Cette modeste personne jouerait, bon gré, mal gré, le rôle de chandelier.

On sait comment cette ruse fut déjouée de la façon la plus imprévue et la plus contraire aux intentions du Roi. Celui-ci fut pris à sa propre ruse. Il s'amouracha de celle qu'on voulait sacrifier et il délaissa la complice de cette combinaison un peu cruelle. Évidemment il ne faut demander ni bonté, ni fidélité, ni loyauté aux acteurs de ce petit drame passionnel. Nous sommes ici au pays d'Amour, où l'on ne connaît ni foi ni loi. Des plus honnêtes amants nous ne pouvons guère attendre que des faiblesses, des lâchetés, des trahisons, des cruautés. En cette circonstance, le tout-puissant Amour s'est amusé encore une fois à berner ses victimes, à les faire agir à sa guise, au mépris de leurs intentions ou de leurs sentiments. Le Roi, sans le moindre scrupule, trompa Madame, qu'il semblait aimer. Madame trompa à la fois le comte de Guiche, son amant, et sa fille d'honneur, en lui laissant croire que le Roi l'aimait. Et il est peu probable que La Vallière elle-même, vivant dans un milieu d'intrigues et de commérages, avec des compagnes très peu naïves, ne se soit pas prêtée volontairement au rôle qu'on attendait de sa complaisance. En tout cas, elle savait que le Roi passait, aux yeux de toute la Cour, pour aimer Madame. Le Roi était publiquement amoureux de sa belle-sœur. Elle ne pouvait pas l'ignorer. Et pourtant cela ne l'empêcha point de prendre son amant à sa maîtresse, qui était aussi sa bienfaitrice.

Sa seule excuse et celle du Roi, c'est qu'ils s'aimaient. Telle est, en effet, l'unique excuse de l'amour, c'est qu'il est à lui-même sa loi. La passion ne serait plus la passion si elle était capable de se surmonter. Cependant Louis XIV, esprit positif et calculateur, croyait bien être désormais le maître de son cœur. Tout d'abord, il n'avait cherché, auprès de La Vallière et de sa belle-sœur elle-même qu'une aventure galante.

Ce serait pour lui un passe-temps entre deux tâches royales. Car, même dès ce temps-là, il se considérait comme l'esclave de sa fonction. Avant tout, le service de l'État ! L'amour ne devait être, pour le Prince, qu'un divertissement. Il le pensait, il le faisait dire par quiconque pouvait toucher l'opinion publique. Au moment de sa plus grande intimité avec La Vallière, au mois de janvier 1663, dans un ballet dont les paroles furent composées par Benserade et où lui-même paraissait en berger, le chœur le saluait par cette déclaration quasi officielle :

Voici la gloire et l'honneur du hameau...

Et quoiqu'il soit dans l'âge où nous sentons
Pour le plaisir une attache si forte,
Ne croyez pas que son plaisir l'emporte !
Il en revient toujours à ses moutons.

A son labeur il passe tout d'un coup.
Il n'ira pas dormir sur la fougère,
Ni s'oublier auprès d'une bergère
Jusques au point d'en oublier le loup !

Même en ce brûlant été de 1661, parmi toutes les séductions conjurées de la nature, des femmes et des plaisirs, il était certes bien loin « d'oublier le loup », comme disait la chanson. Il avait alors les plus graves préoccupations. Il se préparait à renverser Fouquet, et la puissance de son surintendant lui inspirait une telle crainte qu'il croyait prudent d'échafauder tout un plan compliqué avant d'oser l'arrêter. D'autre part, si tranquille que parût l'Europe, en ce moment, il prévoyait des conflits imminents, pour lesquels il importait que la France fût armée. Avec Colbert et le Tellier, il s'appliquait à grossir son épargne, à assainir ses finances, à augmenter et à équiper son armée, à amasser des vivres et des munitions... Et c'est à l'instant même où il était occupé de toutes ces importantes affaires qu'il fut pris par une pauvre petite provinciale, une fille d'honneur, presque une servante, de Madame sa belle-sœur.

Il fut pris, parce qu'il sentit tout de suite que La Vallière l'aimait. Cet amour, donné sans réserve, était, à ses yeux, d'un prix inestimable. Enfin ! il allait jouir de ce qu'il souhaitait, de ce qu'il cherchait depuis si longtemps, un amour sincère, un abandon total. Il serait aimé, non plus parce qu'il était le Roi, mais parce que c'était lui ! Il serait aimé, comme ces jeunes fats qui faisaient tourner toutes les têtes féminines de sa Cour, comme Guiche, comme Vardes, comme Lauzun, — comme Don Juan !

Car, si une chose est certaine dans cette aventure, en somme si obscure sur une foule de points, c'est que La Vallière aima Louis de tout son cœur et qu'il la paya de retour. Comment la pauvrette eût-elle résisté aux avances de ce fier garçon de vingt-deux ans, qui était alors le cavalier le plus accompli de toute sa Cour, brillant danseur, causeur spirituel, quelquefois même caustique et mordant, sachant, disait Saint-Simon, « faire un conte comme personne ». Voici un portrait de lui vers cette époque, portrait qui paraît assez ressemblant et qui mérite, en tout cas, d'être cité, à cause d'un certain bonheur d'expression, bien qu'on ne puisse le tenir pour absolument fidèle, étant donné la source très suspecte d'où il sort. C'est dans *La France galante*, ce bout de dialogue, que l'auteur imagine entre Madame Henriette et la Duchesse de Chevreuse, — justement à propos de La Vallière : « Madame demanda donc à la duchesse si elle connaissait rien de plus heureux que cette fille. — Oui, Madame, reprit hardiment la Duchesse, je me crois encore plus heureuse qu'elle, lorsque je vois le légat, car il est certain qu'il est mille et mille fois plus charmant que le Roi... — Il est certain, répliqua Madame, que le légat a plus de mine et de douceur que le Roi. Mais, pour de l'esprit, il faut que vous sachiez qu'on n'en peut avoir plus que le Roi n'en a avec ce qu'il aime, ni plus de respect. Encore une fois, Madame, vous ne savez pas combien le particulier du Roi est agréable avec une personne pour qui il a de la passion. Imaginez-vous que l'on dirait qu'il n'y a que cette seule personne en tout l'univers, qu'il la regarde avec autant d'amour et de passion dans le dernier moment d'une visite de sept à huit heures que dans le premier. Il lui sacrifie toutes choses et paraît ne dépendre que d'elle. Il a mille et mille petits soins. Enfin, si tout ce que Mlle d'Artigny (la confidente de La Vallière) disait à une de mes amies, ces jours passés, était vrai, comme je le crois, je ne connais personne qui aime si bien que le Roi. — Quoi, Madame ? reprit la Duchesse, même le comte de Guiche ? — Il est bien aimable, reprit Madame, *mais il n'est pas si passionné que le Roi...* »

Décidément ce portrait est trop beau pour être rigoureusement exact. Mais il est infiniment probable que les femmes de ce temps-là, — et en particulier La Vallière, — voyaient ainsi le Roi. Avec la complicité de son époque, il a créé ou incarné un nouveau type d'amoureux, qui a fourni des modèles à la tragédie comme à la comédie et au roman d'alors. Ce n'est plus le héros grandiloquent, follement romanesque et

irréel de l'époque des précieuses, c'est un soldat
qui revient de la guerre ou qui s'apprête à y retourner, qui porte encore le buffle et les bottes
du combattant, et qui, malgré cette rudesse, sait
être non seulement passionné, mais tendre et
même respectueux, spirituel et charmant ; qui
mêle l'esprit à l'amour, qui sublime et qui
raffine la passion à force d'intelligence et d'ingéniosité. Là, comme ailleurs, Louis XIV a été
un grand inspirateur. Simplement en se manifes-
tant tel qu'il était, il a fourni un thème d'amour
à ses maîtresses, comme aux poètes de son règne,
— et ce thème, amplifié par l'adoration qu'il
inspirait, est devenu quelque chose d'éblouissant. Un mot, un geste de lui avaient dans
l'âme d'une La Vallière, un retentissement
infini, de même qu'une de ses indications, un
désir, un simple aperçu, recueilli par un de ses
peintres ou par un de ses architectes suffisait pour
engendrer un chef-d'œuvre. Il se vante, dans ses
Mémoires, d' « avoir fait travailler les plus
beaux génies » de son siècle. Il a fait travailler
aussi les âmes et les imaginations de toutes celles
qui l'ont aimé. La Vallière elle-même, si déta-
chée de toutes les grandeurs mondaines, qui ne
voulait être qu'une amoureuse et qu'une passionnée, n'a pas pu voir en lui que son amant : elle

voyait aussi le Roi, — et ce qu'elle aimait en lui, avec toute la France, c'était aussi la gloire française.

Il faut se dire tout cela pour s'expliquer la folle passion de cette malheureuse, passion qui la faisait passer par-dessus toutes les convenances et braver tous les scandales. Cette amoureuse éperdue, si timide d'habitude et si réservée, était capable des pires audaces, lorsqu'elle sentait son amour menacé. Elle s'est permis des incartades publiques qu'aucune des maîtresses du Roi n'a jamais osées : par exemple, en pleine campagne de Flandres, lorsque devant la Cour et l'armée, sous les yeux mêmes de la Reine, elle lança son carrosse à la poursuite du Roi, avide de reconquérir l'amant qu'une autre allait lui dérober. Et sa double fuite au couvent de Chaillot, dans un moment de désespoir amoureux, ou dans une crise de jalousie exaspérée. Enfin son obstination à rester à la Cour, même après sa rupture avec le Roi. Espérant toujours le reprendre, elle a subi pendant près de dix ans la présence de sa rivale, elle s'est butée à cette idée insensée, jusqu'au moment, où, n'en pouvant plus d'un tel supplice, elle a fini par se décider à franchir pour de bon la grille du cloître. Comment a-t-on pu se tromper sur ses sentiments, lorsqu'elle-même s'en est expliquée avec une telle franchise ? Mme de Sévigné écrit, à la date du 12 février 1671 : « La duchesse de La Vallière manda au Roi par le maréchal de Bellefonds, outre cette lettre qu'on n'a point vue, « *qu'elle aurait plus tôt quitté la Cour,* après avoir perdu l'honneur de ses bonnes grâces, *si elle avait pu obtenir d'elle de ne plus le voir ;* que cette faiblesse avait été si forte en elle qu'à peine était-elle capable présentement d'en faire le sacrifice à Dieu. »

Ainsi, elle était restée à la Cour, elle supportait de vivre avec Mme de Montespan, avec la femme qui lui avait volé le cœur du Roi, uniquement parce qu'elle aimait toujours le Roi. Et, si elle revint encore une fois de Chaillot, si elle reprit sa place, pendant trois années, auprès de sa rivale, c'est qu'elle s'acharnait à cet amour et qu'elle ne désespérait pas de ramener l'infidèle. Par cette fausse sortie et par l'étalage, très sincère assurément, de son désespoir, elle put croire un instant qu'elle avait touché son ancien amant : « Le Roi, ajoute Mme de Sévigné, pleura fort et envoya M. Colbert à Chaillot, la prier instamment de venir à Versailles et qu'il pût lui parler encore. M. Colbert l'y a conduite. Le Roi a causé une heure avec elle et a fort pleuré. Et Mme de Montespan fut au-devant d'elle, les bras

ouverts et les larmes aux yeux. Tout cela ne se
comprend point. Les uns disent qu'elle demeurera
à Versailles et à la Cour, les autres qu'elle re-
viendra à Chaillot. Nous verrons. »

Quelques jours plus tard, la marquise mettait
le point final au récit de cette équipée, en con-
cluant par ces lignes malicieuses : « Pour Mme de
La Vallière, nous sommes au désespoir de ne
pouvoir vous la ramener à Chaillot. *Car elle
est à la Cour beaucoup mieux qu'elle n'a
été depuis longtemps. Il faut vous résoudre de
l'y laisser...* »

En effet, elle y demeura longtemps encore, ne
pouvant se guérir de ce terrible amour, mettant
au-dessus des pires souffrances le plaisir de voir
tous les jours celui qu'elle aimait et qui ne l'aimait plus. Ce fut certainement une grande malheureuse, qui mérite toute pitié. Mais peut-on
dire que le Roi ait jamais cessé complètement de
l'aimer ? Nous savons, en tout cas, que, jusqu'au
bout, il lui témoigna non seulement les plus
grands égards, mais la plus vive tendresse. On
l'a vu : quand elle revint de Chaillot, le Roi la
reçut les larmes aux yeux, il lui parla longue-
ment, — et il faut bien qu'il lui ait dit les choses
les plus tendres et les plus persuasives pour l'avoir
décidée à rester. Trois ans plus tard, lorsqu'elle

entra finalement aux Carmélites pour n'en plus
sortir, le Roi ne se sépara d'elle qu'après une
scène de larmes. Une heure après, ses yeux
étaient encore rouges...

Comment concilier de tels témoignages d'affection, et si marqués, si persévérants, — avec
les duretés qu'on attribue au Roi à l'égard de
La Vallière ?

Sans doute il avait de lui-même, en tant que
roi, une très haute idée, une conception toute
mystique de son rôle, et, en particulier, — on
ne saurait trop y insister, — la conviction qu'on
devait se sacrifier pour lui avec bonheur. Mais,
cela une fois admis, il était trop gallant homme,
trop humain, trop sensible surtout pour avoir
sciemment fait de la peine à une femme qu'il
avait passionnément aimée et dont il ne se dé-
tacha que très longtemps après la rupture appa-
rente.

Toutes les anecdotes qu'on raconte tendant à
prouver la dureté du cœur du Roi n'ont aucune
valeur historique. Elles sont tirées des documents
les plus suspects, — pamphlets, romans licencieux, correspondances pleines de commérages et

de nouvelles à la main, mémoires écrits très longtemps après les événements. D'autre part, l'erreur initiale de ceux qui jugent si sévèrement
Louis XIV, c'est de le considérer comme un
simple particulier et d'oublier les obligations de
son « métier de roi ». Il ne pouvait pas être tout
entier à celle qu'il aimait : il s'en fallait de beaucoup. Il ne pouvait pas s'affranchir d'une étiquette très rigoureuse, qui régissait jusqu'à ses
plaisirs et qui l'obligeait de les prendre à heure
fixe. Enfin, pour éviter le scandale, il était obligé
de cacher le plus possible sa conduite, — du
moment surtout qu'il s'agissait d'un amour adultère. Car enfin rappelons-nous qu'il était marié.
Lui-même s'en souvenait si bien qu'il n'a jamais
passé un seul jour, — sauf à l'armée ou en cas
de maladie, — sans rendre ses devoirs à la
Reine, et qu'il n'a jamais déserté le lit conjugal.

On a prétendu nous apitoyer sur les couches
solitaires de La Vallière. Mais quand un couple
d'amants est sciemment adultère, quand, de plus,
l'un et l'autre sont des personnages publics, ayant
des fonctions publiques à remplir, il faut bien
qu'ils se résignent à accepter les conséquences de
leur faute comme à se soumettre aux obligations
de leur charge. Même si La Vallière et son ami

eussent été gens de condition obscure, les plus
élémentaires convenances leur faisaient un devoir
de ne pas étaler les suites de leurs amours irré-
gulières. Et nous voyons qu'en effet, — et nous
ne pouvons que les en louer, — les deux amants
ont pris toutes les précautions possibles pour éviter le scandale, et que le Roi, en particulier, a
fait tout ce qu'il a pu pour concilier sa tendresse
avec les nécessités de sa fonction et le juste souci
du décorum royal. Pour les premières couches
de La Vallière, en novembre 1663, Louis fit
installer sa maîtresse dans un petit hôtel particulier, l'Hôtel Brion, lequel était tout près du
Louvre. Il chargea Colbert et sa femme de tout
disposer pour la naissance de l'enfant : un·ac-
coucheur, une nourrice, un parrain et une mar-
raine furent engagés en vue de l'événement. Le
Roi lui-même était auprès du lit de la jeune
femme, quand commencèrent les douleurs de
l'enfantement. Mais il ne put rester jusqu'au
bout. L'étiquette l'obligeait d'être à la chasse,
ce jour-là. Étant donné la situation scandaleuse
du couple, il faut bien avouer qu'il était impossible d'agir plus raisonnablement. A quoi rêvent
ceux qui blâment, en cette circonstance, la conduite du Roi ! Celui-ci devait-il installer sa maîtresse en gésine dans la plus belle chambre du

Louvre et convoquer toute la Cour à ses couches, comme pour une Reine de France ? Nous sommes au XVIIe siècle, c'est-à-dire à une époque de ferme bon sens et de sévère discipline chrétienne, où l'on eût jugé, comme elles le méritaient, d'aussi absurdes fantaisies. La Vallière elle-même avait tellement conscience de sa faute qu'elle fit, comme le Roi, tout ce qui était humainement possible pour la dissimuler. Trois semaines après la naissance de son premier enfant, encore toute pâle et mal remise de ses couches, elle voulut absolument assister à la messe de minuit afin de ne pas éveiller la curiosité publique par une trop longue absence.

Il y a une autre scène, postérieure à celle-là, qui excite davantage encore les attendrissements des historiens. La Vallière aurait accouché de Mlle de Blois, — clandestinement encore, — dans une chambre du château de Vincennes. On ne nous dit pas dans quelle chambre, ni dans quelle partie du château. Il paraît que cette chambre était « commandée » et servait de passage « aux grands appartements ». Or, dans le « château neuf » de Vincennes, celui où mourut Mazarin, toutes les pièces du premier étage ont une porte de dégagement donnant sur un couloir. Si La Vallière occupait une de ces chambres, elle pouvait donc s'isoler, si elle le voulait. Mais inutile de raisonner : nous sommes en pleine hypothèse !... La voilà donc dans une chambre d'apparat, ouverte à tout venant. « Soudain, la porte s'ouvre. Quelqu'un s'avance. La Vallière reconnaît Madame Henriette, jadis sa maîtresse et sa rivale, Madame, qui n'a pu oublier, mais dont le regard féminin va droit à la patiente : — « Ah ! Madame, j'ai la colique ! Je meurs ! » s'écrie la malade. Et, Henriette passée : — « Dépêchez-vous ! dit-elle à Boucher (l'accoucheur). Je veux être accouchée avant qu'elle revienne ! » Dans ses précédentes épreuves, elle avait pu garder son enfant au moins quelques heures auprès d'elle. Cette fois, à peine une petite fille était née qu'on l'enlevait, en étouffant ses cris. On dit, et *quoiqu'ils sortent de sources assez troublées,* ces détails sont admissibles, que, l'enfant venu à bien, La Vallière, ne se sentant plus responsable que de sa seule vie, en fit un héroïque sacrifice à son respect pour la Reine (qui était alors au château de Vincennes). Voulant cacher à sa souveraine l'offense qu'elle lui faisait dans son propre palais, Louise commanda de remplir sa chambre de plantes et de fleurs, sans se préoccuper de leurs odeurs meurtrières pour une femme dans son état ; elle se para, reçut des vi-

sites, donna à jouer, et, le soir, fit *médianoche*.
Ce second supplice, pire que le premier, dura
douze heures... (1). »

Ce récit est fort pathétique. Mais, comme on
est bien obligé de l'avouer, il sort « de source
assez troublée ». Cette source trouble, c'est un
passage des *Mémoires* de la Grande Mademoi-
selle où il est question de Mlle de Blois, la fille
de La Vallière, et qui, dans l'édition critique
de Chéruel, commence ainsi : « Elle était née à
Vincennes, après la mort de la Reine-mère, et
j'ai ouï conter bien des fois, depuis, que, comme
elle (La Vallière) était en mal d'enfant... »
Ainsi donc ces détails si émouvants ne sont que
des on-dit recueillis et consignés, longtemps
après l'événement, par Mlle de Montpensier...
Admettons qu'ils soient exacts et que La Vallière ait été surprise par des couches prématu-
rées : en quoi le Roi est-il responsable de cet
accouchement imprévu et clandestin ? Si La Vallière avait suivi la Cour à Vincennes, c'est
qu'elle avait ses raisons pour cela. La jalousie qui
l'aveuglait alors, qui l'attachait aux pas du Roi
et de Mme de Montespan, lui avait fait oublier
son état et le risque scandaleux qu'elle courait.

(1) J. LAIR, *Louise de la Vallière et la Jeunesse de
Louis XIV*, p. 179.

La sagesse lui conseillait de rester chez elle, d'autant plus qu'aucune charge de Cour ne l'obligeait à paraître à Vincennes : elle n'était plus fille d'honneur de Madame et elle n'était pas encore duchesse. Enfin, elle avait deux appartements à Paris et un autre à Versailles pour y faire commodément ses couches. Si elle était à Vincennes en cet état, c'est qu'elle le voulait bien. Et du moment qu'elle acceptait de tromper la Reine dans son propre palais, elle devait accepter toutes les conséquences de son acte : se cacher, recourir à des ruses mesquines et un peu honteuses, pour ne pas aggraver encore le scandale. Tranchons le mot : tout cela n'est pas propre. Si le Roi s'y est sali, on ne voit pas pourquoi La Vallière, sa complice, sortirait blanche comme neige de cette aventure...

En réalité, la postérité a témoigné une indulgence excessive à l'égard de La Vallière, en vertu de cet axiome romantique que l'amour a tous les droits. Elle-même en était si bien convaincue que, dans ses crises de désespoir ou de jalousie, elle n'a reculé devant aucun éclat pour affirmer les prétendus droits de son amour. Elle savait que le Roi avait horreur du scandale, du désordre prolongé, — il voulait, en effet, que le désordre même finît par se ranger, — et c'est

pourquoi elle multipliait les incartades, sachant
qu'il était, au fond, un homme d'ordre et d'habitude et espérant peut-être le ramener par la
peur du scandale. Ainsi s'expliquent ses deux
fuites de la Cour, lesquelles firent un grand tapage. Le Roi se doutait bien que tout cela n'était
qu'une feinte et qu'elle reviendrait au premier
mot de tendresse tombé de ses lèvres. C'est pourquoi il n'avait aucune confiance dans sa voca-
tion religieuse et qu'il mit tant d'obstacles à son
entrée au couvent. Il craignait toujours de la voir
revenir, — et revenir avec fracas. Lorsque la résolution de la désespérée fut devenue définitive,
elle entoura sa pénitence d'une mise en scène
agressive qui dut déplaire profondément à
Louis XIV. Par cette pénitence publique, ce
désaveu de son amour, elle entendait infliger un
blâme à sa rivale et à son complice, à ce couple
doublement adultère. Les contemporains ne s'y
trompèrent pas, — pas plus Mme de Sévigné que
son cousin Bussy-Rabutin. Celle-ci ne put croire
d'abord que la retraite de La Vallière fût sérieuse. Et Bussy écrivait à propos de sa conversion : « *La jalousie a fait ce miracle. Il me paraissait qu'elle n'en usait pas tant ainsi par humilité que par vengeance et que sous le nom de sa
vie passée, elle prétendait dire des injures à sa*

rivale... » En tout cas, ses adieux, comme pour désobliger quelqu'un, furent retentissants. Elle éprouva le besoin de se jeter aux pieds de la Reine et de lui demander pardon devant toute la Cour... Il est admis qu'on doit admirer ce beau trait de La Vallière. Il me paraît, comme à beaucoup de ses contemporains, fort suspect de vengeance, — et à tout le moins, ce fut un scandale qu'il eût été plus raisonnable d'éviter.

On comprend que Louis XIV ait fini par se lasser d'une maîtresse aussi encombrante et, si l'on peut dire, aussi *voyante*. Avec une amoureuse éperdue comme celle-là, tout était possible... Éternelle contradiction du cœur humain ! Il n'avait recherché La Vallière que pour être sûr d'être aimé pour lui-même, pour trouver une confiance où se réfugier. Et ce fut précisément cet amour si sincère, si désintéressé, — cet amour tel qu'il le rêvait et le désirait, — qui contribua le plus à le détacher d'elle. A la longue, il trouva que cette grande amoureuse, qui ne voulait être qu'une amoureuse, devenait terriblement gênante pour le personnage public qu'il était. Elle l'affichait et le compromettait sans cesse. Enfin elle disputait le Roi à l'État. Elle l'aurait voulu tout entier pour elle. Elle se montrait indifférente à la « gloire » du Roi, à ce qu'il aimait le plus au monde, — à son œuvre de grand chef militaire et de bâtisseur. Elle n'était pas l'inspiratrice des grandes choses, la verseuse de louanges, l'excitatrice et la conseillère de toutes les œuvres d'orgueil, de faste et de magnificence. Or le Roi ne vivait guère que pour cela.

Et c'est une des raisons pour lesquelles il abandonna La Vallière et se laissa prendre par la Montespan : en la superbe Athénaïs, il crut trouver une âme vraiment royale, — une âme pareille à la sienne...

DEUXIÈME PARTIE

LE VOLUPTUEUX

Françoise-Athénaïs de Rochechouart, marquise de Montespan, celle que les gazetiers de l'époque appelaient » l'adorable Mortemart », était une beauté bien plus triomphante, bien plus éclatante que La Vallière, — qui était une modeste et qui aurait voulu cacher son bonheur et sa fortune dans la retraite la plus secrète.

Primi Visconti, cet aventurier italien, qui a passé une partie de sa vie à la Cour de France et qui a beaucoup connu Mme de Montespan, nous la décrit en ces termes : « Elle avait les cheveux blonds, de grands yeux bleus couleur d'azur, le nez aquilin, mais bien formé, la bouche petite et vermeille, de très belles dents, en un mot, le visage parfait. Pour le corps, elle était de taille

moyenne et bien proportionnée... » Mille témoignages contemporains confirment cet éloge, qu'il
s'agisse de Mme de Sévigné, ou des rédacteurs
licencieux de *La France Galante*. Voici maintenant un correctif, fourni par la Palatine, la terrible belle-sœur de Louis XIV : « La Montespan, dit-elle, était plus blanche que La Vallière. Elle avait de beaux cheveux blonds, de
belles mains, de beaux bras, ce que La Vallière
n'avait pas, *mais celle-ci était fort propre, et la
Montespan une sale personne.* » Il faut se rappeler que la Palatine détestait en principe
toutes les maîtresses de son beau-frère et que ces
lignes furent écrites en 1719, c'est-à-dire longtemps après la mort de Mme de Montespan.

Parmi les portraits que nous avons conservés
d'elle, celui qui répond le mieux à ce que nous
savons de son caractère comme de sa personne
physique, c'est un tableau attribué à Mignard
et qui se trouve actuellement au château de Blois.
Par malheur, la jolie femme représentée dans ce
tableau a les cheveux bruns, alors que tout le
monde nous assure qu'elle était blonde. Faut-
il croire que, primitivement brune et sachant le
goût de Louis XIV pour les blondes, Mme de
Montespan se serait fait teindre en blond? Car il
est à remarquer que, sauf Marie Mancini et

Mme de Maintenon, — ses premières et ses der-
nières amours, — le Roi n'a guère aimé que des
blondes. On prétend même que Mme de Soubise,
— une de ses passions au moins platoniques, —
était rousse. Mais il est bien possible aussi que la
désignation du portrait de Blois soit fausse. Et
il est infiniment probable enfin que, comme tout
le monde, Mme de Montespan a dû changer beaucoup avec les années. C'est ce que nous oublions
trop, quand nous songeons à ces fulgurantes beautés du passé : nous les voyons toujours comme à
vingt ans. Vers la quarantaine, après ses nombreuses couches, — elle eut sept enfants, rien
que de Louis XIV, — Mme de Montespan avait,
paraît-il, fort épaissi. Au portrait flatteur qu'on
a vu plus haut, Primi Visconti ajoute les détails
réalistes que voici : « Son embonpoint était alors
tel qu'un jour, pendant qu'elle descendait de son
carrosse, je pus voir une de ses jambes, qui était
presque aussi grosse que moi... » Et il ajoute
encore : « Elle avait l'habitude de se faire frictionner avec des pommades et des parfums, étendue toute nue sur un lit, pendant deux ou trois
heures par jour... »

En réalité, cette grande dame avait beaucoup
d'une courtisane. Et c'est ainsi que, tout d'a-
bord, elle prit violemment le Roi par les sens.

Il semble bien, en effet, que cette nouvelle passion ait été à base de sensualité, pour ne pas dire plus. Au moment où Louis XIV s'éprend de la belle Athénaïs, il va avoir trente ans, il est dans tout l'épanouissement de sa forte nature. Ses instincts luxurieux, mal comprimés par une éducation rigide, se lâchèrent alors sans autre retenue que cette crainte du scandale, ce souci perpétuel du décorum royal, qui étaient les freins de ce fougueux tempérament et qui, à eux seuls, eussent suffi pour l'empêcher de rouler dans les pires désordres. Osons le dire : il subit alors une véritable crise de brutalité. Ce fut le soudard triomphant, qui, au sortir d'une action un peu chaude, en descendant de cheval, encore botté et tout poudreux ou tout crotté de la terre ou de la poussière des routes, achève d'assouvir son excitation belliqueuse, dans les bras d'une belle créature.

Louis XIV, à ce moment-là surtout de son règne, est passionné pour les choses militaires. Il est constamment occupé de ses mousquetaires et de leurs uniformes. Il ne rêve que parades, grandes manœuvres, spectacles auxquels il convie

les dames de la Cour. Il lui faut étaler sa force
devant des femmes. Il les empile dans des carrosses et les traîne avec lui sur le front des
troupes. Mars veut avoir Vénus dans son camp.
Baisers au bruit du canon, rendez-vous d'amour
qu'un boulet peut interrompre, il semble recher-
cher alors ces sensations violentes. Il faut que le
péril et la gloire lui relèvent le goût déjà fade de
l'amour. Même une certaine rudesse, pour ne pas
dire une certaine grossièreté, ne sont point pour
lui déplaire. L'instinct sexuel exaspéré retourne à
la simple nature. Il sied, en effet, de remarquer
que la passion sensuelle de Louis XIV pour
Mme de Montespan a commencé avec la guerre
de Flandre, pendant l'été de 1667. On logeait,
comme par hasard, sous le même toit. La pièce
que la belle partageait avec une amie, se trouvait, comme par hasard encore, voisine de celle
du Roi, et l'amie, toujours comme par hasard,
se trouvait absente, ce soir-là. D'après les racontars de la Cour, la première fois que Louis XIV
connut Mme de Montespan, il pénétra dans la
chambre de celle-ci, déguisé en Suisse, et
Mme d'Heudicourt, qui partageait son lit, s'é-
clipsa à point nommé pour laisser le champ libre
aux deux amants. Il arrivait aussi fréquemment
que l'on couchât à la belle étoile, ou presque, —

dans un carrosse dételé, en pleine campagne; ou dans une auberge, dans une maison de paysan, voire dans une grange ou dans une écurie.

Nous n'avons plus idée d'un tel mélange de faste et de simplicité, pour ne pas dire de rusticité. Écoutons la Grande Mademoiselle nous décrire ces campements sommaires de la Cour à la suite des armées. Voici comment les choses se passaient précisément pendant cette campagne de 1667, qui vit commencer les amours du Roi et de Mme de Montespan : — « On arriva, à la nuit, au quartier de M. de Turenne, où était l'armée, en un village nommé Contiche. *On entra dans une grange,* qui était tapissée (sans doute de tapisseries apportées par les fourgons royaux). La Reine se mit à jouer. J'allai écrire dans la chambre de M. de Turenne pour avoir le plaisir de dater (ma lettre) du Camp. Le feu prit à la cheminée de la cuisine de M. de Turenne. Cela déconcerta le souper qui ne fut ni poli, ni magnifique. Mais le Roi, qui savait la manière dont M. de Turenne traitait, nous en avait avertis. On joua toute la nuit. *Je dormis un peu, la tête appuyée contre un poteau de la grange, sur une chaise.* La Reine dormit dans le carrosse du Roi, où il couche, à l'armée... »

Il y avait continuellement, au cours de ces

voyages, des scènes tout à fait bouffonnes, dont la majesté royale s'accommodait comme elle pouvait. Écoutons encore la Grande Mademoiselle. Ceci se passe toujours en Flandre, mais trois ans plus tard, en mai 1670 : — « Comme nous fûmes proches de Landrecies, — dit Mademoiselle, — à une heure de nuit, la rivière était tellement grossie que l'on avait peine à y passer au gué... Nous trouvâmes une méchante maison dans un pré. La Reine mit pied à terre. Il était deux heures. *On avait une bougie.* La Reine voulut passer dans l'autre chambre : il y en avait deux. Mme de Béthune, qui l'éclairait, lui aidait. Je portais sa queue en la suivant. J'enfonçai jusqu'au genou dans la terre. La Reine disait :

— Ma cousine, vous me tirez !

Je lui disais :

— Madame, je suis enfoncée dans un trou ! Attendez que je m'en tire !

Je me trouvai toute mouillée, et tout cela sécha sur moi.

La Reine était fort inquiète. Le Roi dit :

— Il faut attendre le jour, et se reposer dans les carrosses !

On les détela. Je fis accommoder le mien avec les carreaux des autres. Je mis un bonnet, des cornettes sur ma tête et ma robe de chambre par-dessus mon habit. Je me délaçai un peu. Je ne pus dormir : car c'était un bruit effroyable... »

Mais ce n'était pas fini. Le lendemain, il fallut s'occuper non seulement du coucher, mais aussi du manger, — grave problème ! Mademoiselle nous donne une triste idée du service de ravitaillement : « On vint me dire :

— Voilà le Roi et la Reine qui vont manger !

Je me fis porter (en chaise), car il était impossible, à moins d'être botté, d'y aller dans la boue... »

Le repas était fort maigre : « La Reine, — dit toujours Mademoiselle, — prit un bouillon. *Il en restait dans le pot, que j'avalai...* »

Et puis, toujours la grande affaire du coucher !

— « Je trouvai, dit-elle, la Reine fort chagrine, qui disait qu'elle serait malade si elle ne dormait point : « quel plaisir de faire de tels voyages ! »

Le Roi lui dit :

— Voilà que l'on vient d'apporter des matelas. Romecourt a un lit tout neuf sur quoi vous pouvez dormir...

Elle dit :

— Cela serait horrible !... Quoi ! coucher tous ensemble !

Le Roi dit :

— Quoi ?... Être sur des matelas tout habillés, il y a du mal ? Je n'y en trouve point. Demandez à ma cousine ! On peut s'en rapporter à elle et faire ce qu'elle dira.

Je ne trouvai pas qu'il y eût rien à dire d'être dix ou douze femmes dans une chambre avec le Roi et Monsieur. La Reine y consentit... »

Mais écoutons la suite :

« Tout à coup, Madame de Thianges se mit à dire, en entendant des vaches et des ânes qui étaient dans une étable derrière nous :

— Voici qui me donne de la dévotion, en me faisant souvenir de la naissance de Notre-Seigneur !

De voir le Roi dans une étable comme Lui, cette pensée aurait pu donner véritablement de la dévotion, et la comparaison était juste. Mais elle l'exprimait d'une manière à faire rire. A cela la Reine rit : ce qui fit plaisir au Roi, qui était fâché de la voir gronder... On s'endormit... »

Songeons que parmi ces dormeurs et ces dormeuses, il y avait deux amants. Mme de Montespan était là, dans l'écurie, tout près du Roi, en même temps que sa sœur Mme de Thianges.

On nous excusera d'avoir ainsi insisté sur ces scènes un peu familières. Elles nous introduisent au plus intime des mœurs de l'ancienne France, — et elles nous servent à comprendre l'espèce d'enivrement sensuel qui s'empara alors de Louis XIV. Ce n'était plus le berger sentimental qui dort sur la fougère et qui grave sur l'écorce des hêtres le chiffre de sa bergère. C'était vraiment le soudard grisé par la poudre et tout glorieux de son harnais guerrier, qui traque l'aventure galante jusque sur la paille des étables, ou dans le foin des granges.

Mais il ne siérait pas de trop appuyer sur ces accès de sensualité brutale. Ce luxurieux ne pouvait pas oublier longtemps qu'il était le Roi de France, — et ce soudard voulait être un héros. Il était Mars, ou Apollon couronné de lauriers. Son idylle avec Vénus ne pouvait se terminer que sur un lit d'étendards, ou, en plein ciel, sur le quadrige aérien du Soleil...

Il faut même dire plus : ne voir qu'une crise de luxure dans la passion de Louis XIV pour Mme de Montespan, ce serait assurément se tromper. Il ne l'aimait pas seulement pour ses agréments physiques, il goûtait beaucoup aussi sa conversation et son esprit, — un esprit de méchanceté et de médisance, en même temps que d'enjouement, mais qui n'était pas exempt de tortillage et de préciosité. N'oublions point, en outre, que Louis XIV était sinon un sentimental, du moins un homme passionné et un homme élégant, qui aimait l'amour et qui se piquait de beaux sentiments. Il aima certainement Mme de Montespan, quoique d'une autre façon qu'il avait aimé La Vallière et Marie Mancini. Mais enfin il l'aima, et nous savons qu'il souffrit de ne pas être payé de retour. « La Montespan, écrit la Princesse Palatine, était une créature pleine de caprices, qui ne pouvait se contraindre en rien, aimait toute espèce de divertissement, *s'ennuyait d'être seule avec le Roi. Elle ne l'aimait que par intérêt et par ambition et se souciait fort peu de sa personne.* Pour l'amuser, elle avait imaginé de faire venir la Maintenon, afin qu'il ne s'aperçût pas qu'elle jouait et se divertissait. Cependant, le Roi, qui aimait fort la vie retirée, aurait volontiers passé son temps auprès de celle-ci. *Il lui reprochait souvent de ne pas l'aimer assez :* il en résultait des brouilleries, et ils se querellaient fort. »

Quelques bonnes raisons que nous ayons de nous défier du jugement de la Palatine sur une favorite de son beau-frère, il n'en est pas moins évident qu'il y a, dans ces lignes sans bienveillance, une grande part de vérité. Ce qui en ressort surtout, c'est l'attachement, le véritable amour du Roi pour Mme de Montespan.

Évidemment, ce n'est plus l'amour candide de la dix-huitième année, l'amour romanesque et, si l'on peut dire, virginal qu'il eut pour Marie Mancini, — et ce n'est pas non plus l'amour-passion, l'amour tendre et, à de certains moments, exalté et jaloux qu'il eut pour Louise de La Vallière. Le sentiment du Roi pour Mme de Montespan est quelque chose de beaucoup plus complexe. Il entrait d'abord dans cet amour, — nous l'avons vu, une sensualité exacerbée, mais surtout une forte dose d'orgueil. Cette maîtresse, éclatante et tapageuse comme une courtisane, fastueuse et hautaine comme une grande dame, éblouissante d'esprit et de fantaisie comme un poète, était faite pour la montre. Le Roi pouvait être fier d'une telle conquête et prendre plaisir à la faire admirer, comme il faisait admirer ses bâtiments et ses jardins aux notables étrangers qui passaient à Versailles. Mme de Sévigné, dans une de ses lettres, a très bien noté cette nuance de l'amour royal. Après une rentrée en grâce qui avait transfiguré la belle Athénaïs déjà quelque peu épaissie par l'âge et les grossesses multipliées, la marquise la dépeint ainsi à sa fille : « C'est une chose surprenante que sa beauté. Sa taille n'est pas de la moitié si grosse qu'elle était, sans que son teint, ni ses yeux, ni ses lèvres en soient moins bien. Elle était tout habillée de point de France, coiffée de mille boucles : les deux des tempes lui tombent fort bas. Des rubans noirs sur la tête, des perles de la Maréchalle de l'Hôpital embellies de boucles et de pendeloques de diamant, de la dernière beauté, trois ou quatre poinçons, point de coiffe : en un mot, *une triomphante beauté à faire admirer à tous les ambassadeurs.* »

Si Louis XIV, avait conscience de ce qu'il était et de ce qu'il représentait, Françoise- Athénaïs de Mortemart, elle aussi, savait tout son prix. Elle se glorifiait non seulement de sa beauté et de tous les brillants de son esprit, de cette élégance innée qui la faisait s'intéresser à toutes les choses de l'art et de la littérature, — mais encore elle était orgueilleuse de sa race. Elle prétendait descendre des ducs d'Aquitaine, et, par conséquent, être d'une famille plus ancienne que les Bourbons. C'était elle qui était la vraie reine de France : à côté d'elle, le petit-fils du Béarnais n'était qu'un parvenu. Elle sut persuader au Roi toutes ces belles choses et l'éblouir si bien qu'il ne crut jamais faire assez pour être digne d'une telle maîtresse.

Alors, il se produisit chez lui une véritable transformation. Sans doute tous les instincts de grandeur étaient en lui, toutes les volontés de puissance et tous les appétits de gloire. Mais le désir d'étonner la Montespan et de forcer son amour surexcita certainement ces tendances naturelles et donna aux ambitions royales un accent encore inconnu.

Le Roi, livré à lui-même et suivant sa véritable pente, apparaissait comme un monarque plutôt économe, certains disaient même avare. Pour plaire à la Montespan, il deviendra prodigue et même fastueux. Encore une fois, il s'agit d'étonner la fille des Ducs d'Aquitaine. Naturellement brave, et, on peut le dire, d'un courage, d'une résistance morale à toute épreuve, il n'avait rien de la bravoure emportée et un peu folle d'un François 1ᵉʳ, ni même de l'allant, de l'entrain guerrier d'un Henri IV. Dorénavant, il va devenir téméraire et aventureux, s'exposant inutilement aux bombes pendant les sièges, descendant dans les tranchées, poussant des pointes hardies en rase campagne. Il est calculateur, réfléchi, très calme, très maître de lui, très lent à se décider, ne voulant rien laisser au hasard, et, on peut le dire, d'une prudence parfois excessive. Et voici que, tout en gardant ces

utiles vertus, il affecte des allures entreprenantes
et fougueuses, un air de décision rapide et fou-
droyante, quelquefois une violence agressive. Il
étale sa puissance, sa richesse, la force de ses armées. Il veut produire l'impression que nul ne
peut lui résister. Il s'évertue à éveiller dans l'esprit de ses contemporains comme de sa maîtresse,
l'idée d'un grand monarque et surtout d'un héros. Manifestement, il veut *paraître* aux yeux de
la Montespan...

Ce serait forcer les termes et altérer la vérité
historique que de faire de cette « altière Vasthi »
la grande inspiratrice de Louis XIV. Déjà pour
La Vallière et Marie Mancini, il s'était ingénié
à se surpasser lui-même. Pour elles, il avait
voulu être aussi séduisant qu'un héros de roman,
il s'était donné des apparences chevaleresques et
conquérantes. Et Marie Mancini s'était déjà es-
sayée à ce rôle d'inspiratrice auprès du Roi. Mais
on peut dire que cette transformation, ou plutôt
cette affirmation nette et vigoureuse du caractère
royal coïncide avec le règne effectif de Mme Montespan. En tout cas, c'est à partir de cette
époque que commencent les grandes guerres et les
grandes dépenses du règne, et ce qu'on pourrait
appeler la politique de magnificence. La mé-
diocrité française se surpasse et se hausse

à une grandeur jusqu'alors inconnue chez nous.

Assurément Versailles eût été construit sans Mme de Montespan. Mais, peut-être que, sans elle, on n'y eût pas vu de si belles fêtes. Certaines de ces fêtes furent données expressément pour elle. Certaines transformations, certains agrandissements répondaient à quelqu'un de ses caprices. Si Louis XIV bouleversa le vieux château de Saint-Germain, ce fut, en grande partie, pour le plaisir et l'émerveillement de sa maîtresse. Il fit créer, devant les fenêtres de son appartement, de véritables jardins suspendus, et, même aux armées, il se passionnait pour ces embellissements. En 1673, en pleine guerre, il écrivait à Colbert : « Vous ne m'avez rien mandé, dans toutes les lettres que vous m'avez écrites, touchant le travail qu'on fait à Saint-Germain sur les terrasses de l'appartement de Mme de Montespan... Il faut achever celles qui sont commencées et accommoder les autres en volière, pour y mettre des oiseaux. Pour cela, il ne faut que peindre la voûte et les côtés, et mettre un fil de fer à petites mailles qui ferme du côté de la cour, avec une fontaine en bas, pour que les oiseaux y puissent boire. A l'autre, il faudra la peindre et ne mettre qu'une fontaine en bas, Mme de Montespan la destinant pour y mettre de la terre et en faire un petit

jardin... » Ainsi s'égayait, pour la plus grande
joie de la favorite, le vieux château abandonné.
Partout des fleurs, des jasmins, des jonquilles,
des tubéreuses, des orangers en pots, des oiseaux
dans les volières, des bassins, des eaux jaillis-
santes sous les cintres des fenêtres, et, dans les appartements rafraîchis, parmi les fresques neuves,
aux feux des lustres et des girandoles, les violons,
tous les soirs...

A Versailles, le Trianon de porcelaine, le
château de Clagny furent bâtis spécialement pour
elle. Nous ne pouvons plus, aujourd'hui, juger
de l'un et de l'autre, que par des gravures. Le
premier Trianon n'était qu'une fragile bâtisse
destinée à disparaître, comme un décor qui a
cessé de plaire, — et Clagny nous paraît, à dis-
tance, d'une architecture un peu froide, un peu
compassée. Mais on nous assure que les jardins
étaient des merveilles : « Nous fûmes à Clagny,
écrit Mme de Sévigné à sa fille. Que vous dirai-
je ? C'est le palais d'Armide. Le bâtiment
s'élève à vue d'œil. Les jardins sont faits. Vous
connaissez la manière de Le Nôtre : il a laissé
un petit bois sombre qui fait fort bien. Il y a un
bois d'orangers dans de grandes caisses. On s'y
promène : ce sont des allées où l'on lit à l'ombre,
et, pour cacher les caisses, il y a, des deux côtés,

des palissades à hauteur d'appui, toutes fleuries
de tubéreuses, de roses, de jasmins, d'œillets.
C'est assurément la plus belle et la plus enchan-
tée nouveauté qui se puisse imaginer... »

Le Roi faisait des folies pour loger sa maîtresse, pour lui donner un cadre digne de sa
beauté. Et il en faisait encore pour la parer
comme une idole, pour satisfaire à ses caprices et
à sa passion de joueuse, à son goût du faste et
de la représentation. Il fallait qu'elle exhalât
tous les parfums de Paphos et d'Amathonte,
qu'elle eût sur elle pour des millions de diamants,
qu'elle écrasât toutes les dames de la Cour par
la richesse et l'ingéniosité inventive de ses toilettes. Les soirs de grand appartement, la Montespan, endiamantée et cuirassée de brocarts et
de paillons, était un éblouissement. D'ailleurs
personne ne s'y entendait comme elle en fait de
pierreries : Mademoiselle le remarque non sans
malice. La favorite pouvait puiser à sa fantaisie
dans une cassette de bijoux que le Roi commanda
tout exprès à Colbert et qu'il prit soin de faire
garnir abondamment : « Madame de Montespan, écrit-il à son ministre, ne veut absolument
pas que je lui donne des pierreries. Mais afin
qu'elle n'en manque pas, je désire que vous fassiez travailler à une petite cassette bien propre,

pour mettre dedans ce que je vous dirai ci-après, afin que j'aie de quoi lui prêter à point nommé ce qu'elle désirera. Cela paraît extraordinaire, mais elle ne veut point entendre raison sur les présents. — Il y aura, dans cette cassette, un collier de perles que je veux qui soit beau ; deux paires de pendants d'oreilles, l'une de diamants, que je veux qui soient beaux, et une de toutes pierres ; une boîte et des attaches de diamants ; une boîte et des attaches de toutes pierres, dont les pierres se pourront lever à toutes deux. Il faut avoir des pierres de toutes couleurs, pour en pouvoir changer. Il faut aussi une paire de pendants d'oreilles de perles. — Il faut aussi quatre douzaines de boutons dont on changera les pierres du milieu... Je vous dis ceci de bonne heure, afin que vous y fassiez travailler à loisir et que ce qui doit être beau le soit et ce qui doit être propre soit fait avec soin. Je pourrai me servir quelquefois de ces pierreries à autre chose, si elles y sont propres. Car cette cassette sera toujours prête pour que j'en puisse tirer ce que je jugerai à propos... »

Ce billet confidentiel projette une vive clarté sur certains goûts de Louis XIV. Ainsi, ce grand chef d'armées, ce grand administrateur trouvait le loisir de se passionner, presque autant que son amie, pour un collier de perles ou une boucle de diamants. Il aimait collectionner les belles pierres. Il surveillait de très près, dans un travail d'orfèvrerie, la beauté de la matière, comme le fini de l'exécution : « *que je veux qui soit beau !... que je veux qui soit propre !...* » Ces goûts d'amateur d'art, ce souci de raffinement jusque dans les plus petites choses, il avait tout cela de naissance. Nul doute, pourtant, que ces instincts délicats ou fastueux n'aient été singulièrement excités en lui par la passion amoureuse, par le désir de plaire à une femme avide de richesse, de plaisir et de domination. Car le beau désintéressement, dont parle assez naïvement le Roi, n'était qu'une feinte. La Grande Mademoiselle rapporte un mot terrible, échappé, un jour, à la favorite : « A la Cour, aurait dit celle-ci, *il faut toujours prendre :* tout vient d'un après l'autre. » Cette avidité, en vérité insatiable, de la favorite, la pauvre Mademoiselle en pouvait parler savamment, elle qui avait été dépouillée avec le plus parfait cynisme par Mme de Montespan. Pour obtenir la grâce de son cher Lauzun, emprisonné à Pignerol, Mademoiselle consentit, en effet, à l'instigation de la marquise, à léguer la principauté des Dombes et le comté d'Eu au jeune Duc du Maine. La malheureuse se rendait bien compte de ces manigances pour

avoir son bien : elle céda par passion et aussi par
lassitude. Car Mme de Montespan n'eut pas de
cesse qu'elle n'eût mis la main sur la fortune de
la plus riche héritière du royaume, ou tout au
moins sur le plus gros morceau de cette fortune.
Très habilement, en exploitant la passion d'une
vieille fille pour un bellâtre, elle sut l'amener à
ses fins : Mme de Montespan fit chanter Mademoiselle.

C'est qu'elle était une grande mangeuse d'argent. Elle en avait continuellement besoin, non
seulement pour subvenir à son train de maison,
mais aussi à son jeu. Joueuse enragée, jouant,
comme on disait alors, « un jeu d'enfer », joueuse
jusqu'au vice et peut-être jusqu'au crime, elle
perdait près d'un million en une nuit. Le Roi
était obligé de payer ses dettes : il s'exécutait
quelquefois d'assez mauvaise grâce. La Montespan lui coûtait terriblement cher. Une seule
de ses toilettes valait une fortune. On connaît la
description célèbre que Mme de Sévigné a donnée d'une de ses robes de Cour : « robe d'or sur
or, rebrodé d'or, et, par-dessus un or frisé,
rebroché d'un or mêlé à un certain or, qui
fait la plus divine étoffe qui ait jamais été
imaginée : *ce sont les fées, qui ont fait en secret cet ouvrage...* » Cette fois, c'était un cour-

tisan, le marquis de Langlée, qui avait offert à la belle Athénaïs la surprise de cette « divine » robe. Mais, habituellement, c'était le Roi qui réglait la dépense. Ainsi, entraîné par sa maîtresse ce souverain, économe par principe, bien que fastueux par goût, — l'élève de l'avaricieux Mazarin était devenu un prince prodigue.

Autre transformation opérée par l'amour : ce timide, qui avait toujours peur du scandale, finit, sinon par braver précisément l'opinion, du moins par étaler hardiment son adultère devant toute la Cour, par lui donner tous les dehors d'une chose admise et permise. Les « soirs d'appartement », c'était Mme de Montespan qui était la véritable Reine. « La Belle Madame », — comme tout le monde l'appelait, et ses enfants eux-mêmes : ce qui est assez déplaisant, — la Belle Madame semblait destinée de naissance à ce rôle. Saint-Simon nous assure qu'elle ne put jamais se défaire de « cet extérieur de Reine, qu'elle avait usurpé dans sa faveur et qui la suivit dans sa retraite. Il n'y avait personne qui n'y fût si accoutumé, de ce temps-là, qu'on en conserva l'habitude sans murmurer. *Son fauteuil avait le dos joignant le pied de son lit. Il n'en fallait point chercher d'autres dans la chambre,* non pas même pour ses enfants natu-

rels, Mme la duchesse d'Orléans, pas plus que
les autres... On peut juger par là comme elle recevait tout le monde... Toute la France y allait :
je ne sais par quelle fantaisie cela s'était tourné,
de temps en temps, en devoir... Elle parlait à
chacun comme une reine qui tient sa cour et qui
honore en adressant la parole. C'était toujours
avec un air de grand respect, qui que ce fût qui
entrât chez elle, et, de visites, elle n'en faisait
jamais, non pas même à Monsieur, ni à Madame,
ni à la Grande Mademoiselle, ni à l'hôtel de
Condé... »

Si telle se manifestait Mme de Montespan vieil-
lie et délaissée par son amant, on peut juger de
ses prétentions lorsqu'elle était en pleine faveur.
Elle se permettait alors des libertés, qui devaient
déplaire au Roi, comme elles scandalisaient les
honnêtes gens de la Cour. La Belle Madame ne
se contentait pas d'afficher sa fortune et sa toute-
puissance, elle étalait des façons insolentes de
courtisane qui ne se gêne plus avec un amant
qu'elle a maté. Mme de Sévigné, racontant une
rentrée en grâce triomphante de la belle Athénaïs, nous la dépeint ainsi : « *Quanto* (la Marquise la désignait à ses correspondants par ce nom
conventionnel), *Quanto* l'autre jour, au jeu, avait
la tête appuyée familièrement sur l'épaule de son

ami (le Roi). On crut que cette affectation était
pour dire : « Je suis mieux que jamais... »

Très certainement, ces manières choquaient
profondément Louis XIV, qui, toute sa vie, fut
l'homme de la tenue. Mais il les souffrait chez
sa Belle Madame, parce que celle-ci était arrivée
à le dominer et qu'il ne pouvait plus se passer
d'elle. La Montespan fut le vice du Roi.

Ainsi, par amour, ou par attachement sensuel, cet homme qui craignait si fort le scandale,
se précipita en plein scandale. A-t-il réellement,
comme on l'a dit, scandalisé son siècle ? Là-
dessus il sied de s'entendre.

Malgré la discipline religieuse, devenue de
plus en plus stricte, les mœurs, sous le règne de
Louis XIV, même après sa conversion, furent
loin d'être édifiantes. Quand on lit les mémoires
du temps, si réservés, si chastes soient-ils dans
l'expression, on se convainc que c'était une
époque de gros instincts brutaux difficilement
tenus en bride, en tout cas de passions violentes.
A tout instant, le voile de décence imposé par
la morale et les bienséances mondaines se dé-
chire, et l'on voit apparaître les contemporains du
Grand Roi dans des postures de boucs ou de mé-

nades en folie. En dépit des jansénistes, des précieux et des précieuses, la vieille gauloiserie,
chère aux lecteurs de Rabelais, n'est pas morte.
Bannie de la grande littérature, elle s'est réfugiée
dans une foule d'écrits licencieux et elle continue
à s'étaler dans la rue.

Voici, entre mille, un petit trait rapporté par
un bon et savant religieux, le R. P. Brûlard,
dans une lettre adressée à son ami Bussy-Rabutin. C'était pendant la réunion des États de Bourgogne au Palais de Dijon. L'assemblée fut, paraît-il, tout particulièrement tumultueuse, cette
année-là, comme un petit parlement d'aujour-
d'hui. Pendant une des séances les plus mou-
vementées, « un folastre, dit le bon religieux,
s'avisa de coudre un moine de haut en bas avec
une fille de joie, ce qui augmenta et fit durer
le bruit... » On voit la scène... Mais écoutons
cette commère de Bussy en personne. Dans une
lettre datée du 30 juin 1671, il écrit : « Le
maréchal de Grancey a pour maîtresse une demoiselle de chambre nommée du Mény, qui le
trompe avec tous les hommes de la Cour. Le
Roi lui-même s'en moque... Cette nymphe étant
allée, l'autre jour, à la messe, aux Grands Ja-
cobins, qui est à présent l'église où se trouve la
fine chevalerie, Mme de La Baume s'y trouva

aussi et y entra comme l'autre sortait. Le laquais de Mme du Mény ayant un peu choqué Mme de La Baume, celle-ci donna un grand soufflet au laquais... Fureurs. On se traita des pires noms, sur les degrés de l'église : « guenipe, p... v... etc. » Toute l'assistance, autour d'elles, faisait cercle. » — « Samedi dernier, continue le même Bussy, Mme de Lionne revenant chez elle, gaie et gaillarde, de chez le Roi, elle y trouva un ordre de Sa Majesté (une lettre de cachet) d'aller à Angers. Son mari ne s'est déchaîné contre elle que par la plainte que lui a faite le marquis de Cœuvres son gendre, des bons enseignements qu'elle donnait à sa fille. Le bruit est qu'on a trouvé sa fille dans un même lit et le comte de Saulx au milieu d'elles : cela a fait ici un bruit épouvantable... »

Le pire ce n'était pas seulement cette licence qui crevait, de temps en temps, en scandales, c'était la grossièreté des mœurs, des divertissements et, quelquefois, du langage. On se donnait à la Cour les sobriquets les plus désobligeants ou même les plus cruels. La comtesse de Soissons s'appelait *La Bécasse*, le Duc du Maine *Le Gambillart* (à cause de sa boiterie). Un fils du marquis de Villars, qui était légèrement bossu, s'appelait *le Gobin*, — le Gobin Villars.

Mlle de Valançay, qui était maigre, s'appelait
Fichette. La seconde fille du Duc d'Orléans
était *La Poupotte de Monsieur...* et ainsi d'une
foule d'autres. Ces mauvaises gens avaient leurs
têtes de Turc, leurs bouffons, leur souffre-
douleurs. Parmi ces grotesques, la princesse
d'Harcourt partageait avec une madame Pa-
nache le privilège d'amuser la Cour à ses
dépens. Saint-Simon en raconte une foule
de traits, comme ceux-ci : « Monseigneur
et Mme la duchesse de Bourgogne lui faisaient des
espiègleries continuelles. Ils firent mettre un jour
des pétards tout du long de l'allée qui, du château de Marly, va à la Perspective où elle logeait... On attitra deux porteurs pour se présenter à la porter, lorsqu'elle voulut s'en aller.
Comme elle fut vers le milieu de l'allée et tout
le salon à la porte pour voir le spectacle, les
pétards commencèrent à jouer, elle à crier misé-
ricorde et les porteurs à la mettre à terre et à
s'enfuir. Elle se débattait, dans cette chaise, de
rage, à la renverser et criait comme un démon.
La compagnie accourut pour s'en donner le plaisir de plus près, et l'entendre chanter pouille à
tout ce qui s'en approchait, à commencer par
Mgr et Mme la Duchesse de Bourgogne... Une
autre fois ce prince lui accommoda un pétard

sous son siège dans le salon où elle jouait au piquet. *Comme il y allait mettre le feu, quelque âme charitable l'avisa que ce pétard l'estropierait*, et l'empêcha. Quelquefois ils lui faisaient entrer une vingtaine de Suisses, avec des tambours, dans sa chambre, qui l'éveillaient dans son premier somme avec ce tintamarre... Une autre fois, et ces scènes étaient toujours à Marly, on attendit fort tard qu'elle fût couchée et endormie... Il avait fort neigé et il gelait. Mme la duchesse de Bourgogne et sa suite prirent de la neige sur la terrasse et, pour s'en mieux fournir, éveillèrent les gens du Maréchal de Lorge, qui ne les laissèrent pas manquer de pelotes ; puis, avec des passe-partout et des bougies, se glissent doucement dans la chambre de la princesse d'Harcourt, et, tirant tout d'un coup les rideaux, l'accablent de pelotes de neige... La nymphe nageait dans son lit, d'où l'eau découlait de partout, noyait toute la chambre. Il y avait de quoi la faire crever... »

On frémit quand on songe que ces grosses farces de charretiers et de poissardes étaient les divertissements de l'héritier du trône, de l'élève de Bossuet, — et de cette charmante duchesse de Bourgogne, qui était la favorite de la prude Mme de Maintenon.

Il est certain que, pour sa part, le Roi réagit
tant qu'il put contre cette brutalité et cette licence
de la Cour et de la ville, — et cela dès le début
de son gouvernement personnel. Il n'a jamais
connu la débauche, — la débauche crapuleuse
à laquelle se laissaient aller une foule de ceux
qui l'approchaient. En stricte morale, on ne peut
lui reprocher que son goût pour les femmes, et
son long adultère avec La Vallière et Mme de
Montespan. Encore est-il juste d'ajouter qu'au
début de ses amours avec l'une et l'autre, il s'ef-
força de sauver les apparences. Ses relations res-
tèrent secrètes jusqu'au moment où il jugea toute
feinte inutile, le public étant averti. Rappelons
que les naissances de ses bâtards furent également secrètes. Pendant plusieurs années, les enfants adultérins de Mme de Montespan vécurent
cachés dans une maison mystérieuse de Vaugirard, sous la surveillance de Mme de Maintenon.
Lorsque, plus tard, le Roi les fit légitimer, à
l'exemple de son aïeul Henri IV et de son beau-
père Philippe IV d'Espagne, ce fut, en grande
partie, pour des raisons dynastiques que nous
avons exposées ailleurs (1).

On ne peut pas dire qu'il ait jamais, de propos

(1) Voir mon livre : *Louis XIV*, FAYARD, éditeur.
Paris, 1923.

délibéré, « affiché » ses amours. Le secret était, au contraire, sa grande règle de conduite. S'il s'en est affranchi quelquefois, c'est entraîné par sa propre passion ou par la vanité de ses maîtresses qui tenaient à se prévaloir bruyamment de sa faveur. Quand il se promenait publiquement, à Versailles, ou aux Tuileries, avec La Vallière, suivie d'un cortège de dames et de courtisans, il ne faisait rien que de très ordinaire : il y avait toujours une privilégiée à qui le Roi adressait plus particulièrement la parole, ou dont la conversation lui plaisait plus que toute autre. Quand ce n'était pas la comtesse de Soissons, c'était Mme de Choisy, ou Mme de Monaco, ou sa belle-sœur Henriette. Seulement *on savait* qu'il était l'amant de La Vallière, et les égards qu'il témoignait à celle-ci comme à n'importe quelle personne distinguée par lui, en prenaient une signification toute spéciale. L'adulation faisait le reste. Les courtisans empressés à plaire à la favorite soulignaient par leur excès de zèle ce scandale de l'adultère.

Pour Mme de Montespan, il faut bien avouer que le Roi ne prit pas les mêmes précautions. Il lui permit d'étaler sa faveur. Ses enfants naturels étant légitimés publiquement, elle devint maîtresse en titre, favorite déclarée. Il toléra une espèce de cour autour d'elle. Il lui fit construire un véritable palais. Quand elle voyageait en province, elle était reçue avec les mêmes honneurs que la Souveraine. Certes le Roi ne demandait rien de tel aux gouverneurs ou aux intendants. Il est même infiniment probable qu'il désapprouvait ces réceptions trop éclatantes. Mais toutes les autorités du royaume croyaient faire leur cour au maître par ces démonstrations excessives. Dans le train ordinaire des choses, tout devait se passer avec plus de discrétion et, en général, avec une parfaite décence. Le Roi avait, à un trop haut degré, le sens de l'ordre et de la tenue, pour n'avoir pas imposé, même à ses relations coupables avec Mme de Montespan, un caractère de dignité et de grandeur toutes royales. Saint-Simon nous disait tout à l'heure avec quel respect les courtisans abordaient Mme de Montespan. La Reine elle-même rendait visite à sa rivale, qui était devenue sa surintendante, après avoir été sa dame d'honneur. Elle allait à Clagny et au Trianon de porcelaine, construits tout exprès pour la Belle Madame, — et elle y allait non pas comme chez la favorite du Roi, mais comme chez sa surintendante, ou chez sa dame d'honneur. Elle ne daignait rien savoir, — du moins en public, de l'infidélité conjugale.

C'est pour cette raison qu'elle recevait dans son carrosse les maîtresses de son mari. Elles y montaient à titre de dame d'honneur, de surintendante de sa maison, ou de duchesse à tabouret. Qu'elles fussent autre chose pour le Roi, elle voulait et elle devait l'ignorer. Et le Roi lui-même n'eût pu lui imposer la présence de ces dames, si elles n'avaient pas eu auprès d'elle une charge de Cour. Saint-Simon a popularisé, contre toute vérité, la légende des *trois reines :* Louis XIV se montrant aux populations ou aux armées entre sa femme et ses deux maîtresses. Il pouvait, en effet, se trouver avec elles et la Reine dans le même carrosse, mais d'autres personnes étaient là. Par exemple, le marquis de Saint-Maurice, ambassadeur de Savoie, écrit à son maître, à la date du 2 mai 1670 : « Le Roi partit lundi dernier de Saint-Germain pour le voyage de Flandre, avec une des plus belles et des plus pompeuses suites que l'on puisse voir. Ils étaient huit dans son carrosse : lui, la Reine, Monsieur, Mme la Duchesse d'Orléans, Mlle de Montpensier, *la Duchesse de La Vallière,* la comtesse de Béthune et *la Marquise de Montespan.* » La présence des deux favorites parmi les membres de la famille royale se justifiait par leurs fonctions honorifiques, — leur service auprès de Madame et de la Reine. En tout cas, on ne connaît aucun texte qui prouve que le Roi ait jamais voyagé publiquement et *seul* avec ses deux maîtresses, ou seul, entre ses deux maîtresses et la Reine : il y avait là une question de convenances, et, si elle se fût posée pour lui, nous connaissons trop son souci de la règle et du décorum, pour ne pas conclure à priori dans quel sens il l'eût résolue.

Assurément, en bonne morale, il eût mieux valu éviter de telles promiscuités, qui ont, pour une conscience un peu délicate, quelque chose de blessant, — et ainsi ôter toute pâture à la malignité publique. Mais il est évident aussi que, d'une façon générale, le Roi a fait de son mieux pour atténuer le scandale de sa conduite. Ce n'est pas sa faute si ses ennemis l'ont grossi démesurément, en excitant, autour de ses moindres écarts, tout le tapage possible : les Hollandais et les huguenots réfugiés en Hollande, les Allemands et les Anglais ont ameuté l'Europe contre lui, ajoutant à ses fautes trop réelles d'imprudentes et de monstrueuses calomnies, répandant à travers le monde toute une bibliothèque de pamphlets et de romans orduriers qui visaient à salir le Roi de France. N'oublions pas non plus ses ennemis du dedans : des chansons et des satires immondes, qui l'atteignaient jusque dans le

plus intime de sa vie privée, circulaient à Paris
comme à Versailles, et elles trouvèrent, malheureusement, trop d'oreilles complaisantes.

Ce fut la punition des faiblesses coupables
qu'il eut pour Mme de Montespan. Cette dangereuse femme, — après avoir eu peut-être sur lui
une heureuse influence, — allait devenir la honte
de sa vie.

⁎⁎⁎

C'est que le Roi tenait à elle par une foule
de liens, dont le plus fort peut-être était celui
de l'habitude. Répétons-le encore, car c'est un
trait de caractère : Louis XIV, même en amour,
était un homme d'habitude. Chez un sensuel de
son tempérament, ces instincts réglés se conci-
lient très bien avec la facilité aux passades amou-
reuses. Ceux qui le connaissaient un peu n'attri-
buaient jamais beaucoup d'importance à ces caprices éphémères. Bussy-Rabutin, par exemple,
a toujours parié que La Vallière reviendrait à
la Cour, même après ses fugues retentissantes
à Chaillot, même après sa première entrée au
couvent. Et, pendant longtemps, il s'est refusé
à croire à la disgrâce définitive de Mme de Montespan.

Néanmoins, si attaché que fût le Roi à cette

maîtresse voluptueuse et féconde, il y avait entre eux de continuels tiraillements qui, un jour ou l'autre, devaient amener une rupture violente. Une foule de dissentiments les mettaient sans cesse aux prises. La cause la plus grave de mésentente, c'était l'humeur difficile et impérieuse de la dame. Naturellement querelleuse, fantasque pleine de caprices, elle faisait au Roi des scènes fréquentes à propos de tout et de rien. Et, dans ces moments-là, elle le prenait de très haut avec lui. Elle savait parfaitement à quoi s'en tenir sur son caractère tyrannique et elle avait réglé sa conduite en conséquence. Si l'on ne voulait pas être asservi par lui, il fallait le dominer, le mener durement, à coups de cravache, comme un cheval ombrageux. De là ces colères, ces récriminations incessantes, ces scènes furibondes que la Belle Madame faisait à son amant. Elle le terrorisait littéralement. Elle avait vu que La Vallière s'était perdue à force de douceur et d'humilité. Pour rester en place, elle pensa qu'elle devait faire tout le contraire : elle régnerait par la violence et par l'orgueil.

Avec cela, elle était méchante, moqueuse : « Les courtisans, écrit Saint-Simon, évitaient de passer sous ses fenêtres, surtout quand le Roi y était avec elle : ils disaient que c'était passer par les armes, et ce mot passa en proverbe à la Cour. Il est vrai qu'elle n'épargnait personne, très souvent sans autre dessein que de divertir le Roi, et, comme elle avait infiniment d'esprit, de tour et de plaisanterie fine, rien n'était plus dangereux que les ridicules qu'elle donnait mieux que personne... » On pense bien que le Roi n'était pas plus épargné que les autres par cette terrible railleuse. Elle insistait cruellement sur ses défauts, sur ses tares physiques. Un jour, au cours d'une dispute, où le Roi lui reprochait son orgueil, son esprit de domination et sa méchanceté, elle lui répondit que « si elle avait les imperfections dont il l'accusait, du moins elle ne sentait pas mauvais comme lui... » Le Roi aurait pu rétorquer qu'il n'était pas sale comme elle. On se rappelle que la Palatine nous a représenté Mme de Montespan comme « une sale personne ». Cependant rien n'est moins prouvé, et malheureusement, il n'en est pas de même pour les mauvaises odeurs qu'elle reprochait à son amant. *Le Journal de la Santé du Roi* fait allusion à de fâcheuses infirmités, dont Sa Majesté souffrit assez longtemps. Le Roi avait des dents gâtées, et depuis son enfance, de très mauvaises dents. Un de ses chirurgiens en lui arrachant une de ces mauvaises dents, emporta un morceau du palais.

Il en résulta une carie de l'os, avec un écoulement fétide par le nez. Le Roi était punais. C'est sans doute pour combattre cette odeur nauséabonde que Mme de Montespan s'inondait de parfums. L'emploi de maîtresse royale avait, comme on le voit, ses petits inconvénients.

La parfumerie véhémente de la Belle Madame finit par exaspérer et même par inquiéter son ami : on était persuadé alors que certains parfums étaient de véritables poisons. « Le jour que le Roi partit de Saint-Germain, écrit Bussy, le 18 mai 1680, comme il montait en carrosse avec la Reine, il eut de grosses paroles avec Mme de Montespan sur des *senteurs*, dont elle est toujours chargée et qui font mal à Sa Majesté. Le Roi lui parla d'abord honnêtement, mais *comme elle répondit avec beaucoup d'aigreur*, Sa Majesté s'échauffa... » Quelques jours plus tard, Mme de Sévigné écrivait à son tour : « Il y eut, l'autre jour, une extrême brouillerie entre le Roi et Mme de Montespan. M. Colbert travailla à l'éclaircissement et obtint avec peine que Sa Majesté ferait médianoche comme à l'ordinaire. Ce ne fut qu'à condition que tout le monde entrerait... »

Ces incidents se placent à la fin du règne de la favorite, au moment où la rupture était im-

minente. Mais, dès le début, elle fatigua le Roi
par son avidité, par ses perpétuelles demandes de
places et d'argent. Certes elle n'eut jamais aucune espèce d'influence politique. Louis XIV
entendait que ses maîtresses ne servissent qu'à ses
plaisirs. Il s'était juré qu'elles n'auraient jamais
sur lui nul pouvoir, et l'on peut dire qu'il se tint
fidèlement parole. Mais cela ne l'empêchait
point, lui qui était la source de toutes les grâces,
d'accorder à celle qu'il avait distinguée quelque
grasse prébende, quelque charge lucrative pour
elle, ou pour les siens. Mme de Montespan usa et
abusa, auprès de lui, de la sollicitation et de la
recommandation. Bonne parente, elle poussa ac-
tivement son frère l'amiral duc de Vivonne, dont
la conduite passablement crapuleuse et les idées
quelque peu libertines retardaient la carrière. Cependant elle eut une certaine peine à obtenir pour
lui le bâton de maréchal. On se rappelle le mali-
cieux récit que nous fait l'abbé de Choisy de cette
laborieuse intrigue : « Le Roi, dit-il, avait fait
avec Louvois la liste de ceux qu'il devait honorer
du bâton de maréchal de France. Il alla ensuite
chez Madame de Montespan, qui, *en fouillant
dans ses poches*, y prit cette liste, et, n'y voyant
pas M. de Vivonne son frère, se mit dans *une
colère digne d'elle*. Le Roi, qui ne pouvait, ni

n'osait lui résister en face, balbutia et dit qu'il
fallait donc que M. de Louvois eût oublié de l'y
mettre. — « Envoyez-le quérir tout à l'heure ! »
lui dit-elle d'un ton impérieux, et le gronda
comme il faut. On envoya chercher Louvois, et
le Roi lui ayant dit fort doucement que, sans
doute, il avait oublié Vivonne, ce ministre se
chargea du paquet et avoua la faute qu'il n'avait
pas commise. On mit cette fois Vivonne sur la
liste. La dame fut apaisée et se contenta de reprocher à Louvois sa négligence dans une affaire
qui la touchait de si près... »

Il est assez difficile de croire que le Roi ait été
si petit garçon devant la marquise. Qu'on exa-
mine de près tous les traits de ce récit, et, pour
peu que l'on soit familier avec le caractère de
Louis XIV, qu'on se rappelle ses façons autori-
taires, son regard sévère et quelquefois terrifiant,
son désir jaloux d'être le maître, son respect
des convenances et de la dignité royale, on soup-
çonnera le spirituel abbé d'avoir introduit beaucoup de fantaisie dans son anecdote. On ne voit
guère Mme de Montespan fouillant dans les poches du Roi et surtout celui-ci balbutiant devant
elle comme un écolier pris en faute. Mais ce qui
paraît incontestable, c'est la fureur de la favorite
en cette circonstance et la violence qu'elle dut

faire pour arracher au Roi une nomination, à laquelle, certainement, il répugnait. Enfin, cette « colère digne d'elle » en dit long sur le caractère de la Belle Madame. S'il ne faisait pas bon, tous les jours, être la maîtresse du Roi, il n'était pas non plus toujours agréable d'être l'ami de Mme de Montespan.

Le pire pour cet ami, en somme si complaisant, si indulgent aux caprices de son amie, c'était de sentir qu'elle ne l'aimait guère, — de constater que, dans leurs instants de tête à tête, l'esprit de la marquise était ailleurs. Elle était au jeu, assise à une table de lansquenet ou de hoca, — ou bien, avec toutes ses plumes et tous ses diamants sur la tête, elle trônait devant une cour de jeunes femmes et de jeunes hommes, elle dansait un passe-pied ou une courante, elle s'étourdissait au bruit des conversations, des rires et des violons, elle s'éblouissait aux feux des pierreries et des lustres. Le Roi, qui, à mesure qu'il avançait en âge, aspirait à plus de tranquillité, à plus d'intimité surtout, ne pouvait qu'être très choqué de ces allures frivoles. Il sentait que la marquise ne restait auprès de lui que par intérêt, par soif de plaisir. Peut-être même qu'il avait des doutes sur sa fidélité. Des lettres anonymes n'avaient pas manqué d'insinuer ce poison dans son esprit. En tout cas, le bruit courait qu'avant ses relations avec le Roi, elle avait été la maîtresse du fameux Lauzun, « cet insolent petit homme » qui, au début du règne, était la coqueluche de toutes les femmes de la Cour. Cette histoire n'a jamais été tirée au clair. Cependant il paraît plus que probable qu'il y avait quelque chose entre Lauzun et Mme de Montespan, que le petit homme la tenait par la peur de quelque divulgation fâcheuse et qu'il la fit chanter, lui aussi. Saint-Simon nous a transmis, à ce sujet, une anecdote de haute graisse, qui prouve, tout au moins, entre le bellâtre et la Belle Madame, une familiarité bien extraordinaire.

Lauzun, qui avait demandé à la favorite sa protection auprès du Roi pour obtenir la charge de grand maître de l'artillerie et qui croyait avoir de bonnes raisons pour suspecter la sincérité de ses promesses, s'avisa de l'étrange procédé que voici, pour en avoir le cœur net. Grâce à la complicité d'une femme de chambre, il parvint à se blottir sous le lit de Mme de Montespan, et là, il aurait surpris, entre le Roi et sa maîtresse, une conversation intime où son amour-propre, à lui Lauzun, était fort peu ménagé. Il eut la preuve que Mme de Montespan, en dépit de toutes ses belles paroles, ne faisait rien pour lui et même le desservait... Le soir (car ces rendez-vous royaux avaient lieu dans l'après-midi), comme la marquise sortait de son appartement pour se rendre au ballet, elle trouva Lauzun qui l'attendait à sa porte. Celui-ci, très empressé, lui demanda s'il « osait se flatter d'avoir eu quelque part en son souvenir auprès du Roi ». La marquise jura qu'elle avait fait mille charges et recharges en faveur de son ami, mais qu'elle était aux regrets d'avoir fort peu avancé. Lauzun lui laissa tout dire, ayant soin de la faire marcher à petits pas. Puis il se mit à lui répéter « doux et bas, mot pour mot, tout ce qu'il avait entendu sous le lit de la belle, sans y manquer d'une syllabe... Et, de là, toujours doux et bas, l'appelant par tous les noms les plus infâmes, la traitant de menteuse, de friponne, de coquine et de p... à chien, l'assurant qu'il lui couperait le visage et la conduisant, quoi qu'elle pût faire, jusque dans le ballet, où elle arriva plus morte que vive, se trouvant mal et ayant perdu presque toute connaissance... »

On sent bien que cette anecdote, après avoir passé de main en main, a reçu de Saint-Simon le coup de pouce suprême. Mais si réellement Lauzun, — et rien ne paraît plus vraisemblable, — a pu traiter la marquise avec cette désin-

voiture, il faut bien admettre que les complai-
sances de celle-ci l'y avaient autorisé. Les courtisans ne se gênaient pas pour en clabauder. On
prétendait même qu'après le Roi, la belle
aurait eu maint caprice, — et l'on assurait que
tous ses enfants n'étaient pas de Sa Majesté.
La Palatine, d'après les racontars de Cour, va
jusqu'à désigner le père d'un de ces enfants,
Mlle de Nantes : Mme de Montespan l'aurait
eue du maréchal de Noailles. Ce maréchal,
nous dit Saint-Simon, était un personnage « d'une
grosseur prodigieuse et entassée, qui, précisément, comme un cheval, mourut aussi de gras-
fondu. » Plat courtisan, brutal et débauché,
il prêtait fort à une accusation de ce genre.

Louis XIV, qui avait des espions partout,
que son cabinet noir renseignait quotidienne-
ment sur le secret des correspondances, était
certainement au courant de tous ces mauvais
bruits. Cela ne contribuait point à améliorer ses
rapports avec son orageuse maîtresse. D'autre
part, il y avait, à la Cour même, tout un groupe
de personnes pieuses, qui travaillaient sans re-
lâche à faire cesser le scandale de son adultère.

Encore une fois, ce scandale a été démesurément exagéré par tous les ennemis du Roi,
tant en France qu'à l'étranger. L'époux ou-
tragé, le marquis de Montespan lui-même, y a
quelque peu contribué, par tout le tapage qu'il
fit autour de son infortune conjugale. Il paraît
que ce gentilhomme eût été assez volontiers un
mari complaisant, si l'on avait su, en haut lieu,
mettre le prix à sa complaisance. Déçu, il se
serait livré à toute une série d'incartades pour
se venger du peu de générosité du Prince, et c'est
ainsi qu'il aurait battu comme plâtre sa femme
infidèle, lui fournissant par là le meilleur des
prétextes pour introduire une demande en séparation. Lui-même était assez peu scrupuleux en
matière de conduite. Il fut facile à Louvois d'ex-
ploiter contre lui certaines frasques soldatesques
commises pendant un séjour en Roussillon. A
Perpignan, il aurait enlevé une fille « de très
basse condition », et, malgré les protestations
de la mère et des magistrats municipaux, il l'aurait emmenée « vêtue en garçon », à la suite
de sa compagnie. A Illes, nouvel esclandre :
Montespan enlève une créature de même espèce :
ce qui ameute contre lui toute la localité. Les
ministres de Louis XIV avaient beau jeu contre
ce soudard, qui finit par se ranger et par se dé-

cider à vivre tranquillement dans ses terres de Guyenne. Plus tard, à Toulouse, il fit, paraît-il, donner le fouet à une présidente qui lui avait lancé ce brocard, en jouant au lansquenet :

— Ah !! Monsieur, ce n'est pas le roi de cœur qui vous a fait le plus de mal !

M. de Montespan n'entendait pas raillerie sur ce chapitre. Il faut croire aussi qu'il aimait battre les femmes. Quoi qu'il en soit, il ne semble pas avoir été un personnage bien intéressant. Les contemporains le plaignirent fort peu.

Dans toute cette affaire, ce que les personnes graves voulurent uniquement considérer, ce fut, comme on disait « le double adultère » de la marquise et du Roi. Les huguenots, les jansénistes, tous les partis d'opposition jugeaient sévèrement la conduite de Louis XIV. Les catholiques ne pouvaient tolérer plus longtemps ce scandale, qui paraissait rejaillir sur la religion elle-même. Une pieuse conspiration se forma pour décider Louis XIV à la rupture, — conspiration où entrèrent, avec le Père de La Chaise, confesseur du Roi, Bossuet, alors précepteur du Dauphin, Mme de Maintenon, le maréchal de Bellefonds, tout le clan Chevreuse et Beauvillier.

Le Père Bourdaloue, qui prêcha à la Cour, plusieurs carêmes de suite, n'avait pas ménagé au monarque les avertissements sévères. Trois de ses sermons surtout, — sur l'Impureté, sur l'Impénitence finale et sur l'Enfer, — durent laisser à Louis XIV une impression profonde. Pendant ce temps, Mme de Maintenon, qui avait assumé la mission redoutable de convertir le Roi, commençait son œuvre de lente suggestion et d'évangélisation discrète. Peut-être est-ce à ce moment, que fut prononcé le mot singulièrement hardi, que celle qui n'était encore que Mme Scarron aurait osé adresser au tout-puissant autocrate, et qu'elle a même répété plus tard à ses élèves de Saint-Cyr : « Sire, vous aimez fort vos mousquetaires : c'est ce qui vous occupe et vous amuse fort aujourd'hui. Que feriez-vous si on venait dire à Votre Majesté qu'un de ces mousquetaires que vous aimez fort a pris la femme d'un homme vivant et qu'il vit actuellement avec elle ? Je suis sûre que, dès ce soir, il sortirait de l'hôtel des mousquetaires et n'y coucherait pas, quelque tard qu'il fût ! »

Peut-être encore est-ce à ce moment, où la conscience du Roi commençait à se troubler, qu'il faut placer un fait, auquel les historiens, jusqu'ici, n'ont guère accordé d'attention et qui

semble pourtant avoir été décisif. On le trouve
consigné dans les mémoires du marquis de la
Fare : « Le Roi, écrit celui-ci, a toujours été un
prince religieux et timoré. Il rencontra par
hasard, un jour, le Saint-Sacrement, que l'on
portait à Versailles, à un de ses officiers. Il
l'accompagna, pour l'exemple, jusque chez le
mourant. Et ce spectacle le toucha si fort, qu'à
son retour, il ne put s'empêcher de faire part à
sa maîtresse du trouble de sa conscience. Elle
dit qu'elle était aussi touchée de repentir, et ils
résolurent de se séparer... »

Louis XIV, assurément, avait une grande dévotion au Saint-Sacrement. Et c'est pourquoi un
fait comme celui-là est d'une extrême importance. Mais les choses ne se passèrent pas aussi
simplement que La Fare voudrait nous le faire
croire. En réalité, tout un plan avait été con-
certé par Bossuet et ses amis pour arracher au
Roi la promesse de ne plus revoir Mme de Montespan. Il lui avait écrit à ce sujet de belles
lettres éloquentes et pathétiques. Enfin le curé
de Versailles interdisait au monarque adultère
l'approche des sacrements. Plein de remords et
de contrition, le Roi finit par céder. Le 13 avril
1675, il faisait ses pâques à la paroisse de Versailles. Bossuet triomphait : il avait obtenu l'en-

trée de La Vallière aux Carmélites et le renvoi de Mme de Montespan. Toutes les traces du long adultère royal étaient enfin effacées.

Mais ce triomphe fut de courte durée. Après un séjour de quelques mois à l'armée, le Roi retomba à sa vieille habitude. Avant même qu'il fût rentré à Versailles, Mme de Montespan y était déjà. Bossuet accourut au-devant de lui, pour tenter un nouvel effort. Mais tout fut inutile. Vaincu par sa passion, le Roi l'empêcha même de lui parler :

— Ne me dites rien, Monsieur ! ne me dites rien ! J'ai donné mes ordres : ils devront être exécutés !...

Cela pouvait durer indéfiniment, — et il est bien probable, en effet, que le règne de la Belle Madame eût duré aussi longtemps qu'elle l'aurait voulu, sans la fameuse *Affaire des poisons*, où elle fut abominablement compromise.

Cette affaire est loin d'être un cas isolé, au XVIIIᵉ siècle. Il y en eut une foule d'autres, tous plus ou moins retentissants. Mais celui-ci fit un bruit épouvantable, qui remplit toute l'Europe.

Les Italiens triomphaient. Désormais l'Italie ne serait plus seule à mériter le surnom de *vénéneuse*. Et l'ambassadeur de Venise criait bien haut que le Roi, par la création de la Chambre Ardente, instituée uniquement pour traquer les empoisonneurs, faisait tort à la nation, en dévoilant ainsi ses turpitudes. Des personnes de la plus haute qualité étaient impliquées dans ces poursuites, accusées de crimes odieux ou ignobles : la comtesse de Soissons, la duchesse de Bouillon, sa sœur, le maréchal de Luxembourg, la marquise de Montespan. Racine lui-même, — le doux Racine, — fut soupçonné d'avoir recouru aux mauvais offices des sorcières et des empoisonneuses. Car cette affaire des poisons se compliqua de sorcellerie et de magie noire.

On a voulu disculper Mme de Montespan. On a nié qu'elle ait tenté d'empoisonner La Vallière, le Roi, Mlle de Fontanges, peut-être Mme de Maintenon, — comme on a nié, en général, tous les empoisonnements de ceux qui, de près ou de loin, tenaient à Louis XIV. Cela s'explique par l'espèce de haine personnelle que certains historiens du dernier siècle avaient vouée au Roi. A les en croire, ce méchant homme a fait tout le mal possible, alors qu'on ne lui en a fait aucun. On n'a jamais essayé de l'empoisonner, ni lui, ni ses maîtresses, ni ses ministres, ni ses enfants et petits-enfants. Lui pouvait être un tigre, mais ses sujets étaient tous des agneaux. Une autre raison de ces négations systématiques, c'est que le credo scientiste du XIXe siècle s'opposait à ce qu'on admît, en histoire, non seulement le surnaturel, mais simplement l'extraordinaire, — l'assassinat, l'empoisonnement, la trahison : pures chimères que tout cela, pures calomnies inventées par l'imagination populaire, ou par l'esprit de parti ! C'est ainsi qu'on nous a démontré, par beaux arguments « scientifiques » — et sur la foi d'autopsies pratiquées Dieu sait comment ! — que Mme Henriette, que Louvois, que le duc et la duchesse de Bourgogne sont tous morts de maladie. La vérité, c'est que nous n'en savons rien du tout, et que l'explication la plus probable, la plus *naturelle*, de ces morts foudroyantes, c'est le poison, dont les contemporains de Louis XIV usaient avec si déplorable facilité. En ce qui concerne Mme de Montespan, la chose ne paraît pas douteuse : elle eut recours au poison, comme à la sorcellerie, pour se débarrasser de quiconque la gênait.

Nous ne possédons pas tout le dossier de cette ténébreuse et sinistre affaire. Louis XIV lui-

même fit brûler les minutes les plus compromet-
tantes, épouvanté qu'il était par la gravité et
l'horreur des révélations contenues dans les interrogatoires de la Voisin et de ses complices.
Mais ce qui subsiste de ces documents suffit pour
établir la culpabilité de la favorite. L'empres-
sement même du Roi à faire disparaître des accusations terribles contre sa maîtresse est une
charge de plus contre celle-ci.

Cela commença à la fin de l'année 1677. Le
21 septembre, un billet trouvé dans le confes-
sionnal des Jésuites de la rue Saint-Antoine,
avait dénoncé un projet d'empoisonnement du
Roi et du Dauphin. Les premières arrestations
furent ordonnées après une enquête qui dura plus
de deux mois, — et ces arrestations se poursui-
virent et se multiplièrent au cours des années
suivantes jusqu'en 1681, date à laquelle le Roi
suspendit la procédure : il se sentait compromis
lui-même par quelqu'un qui lui touchait de très
près : la marquise de Montespan.

Les relations de celle-ci avec la Voisin et ses
acolytes remontent à 1666, c'est-à-dire à l'é-
poque où elle songea à conquérir le Roi. Elle
se rendait elle-même dans l'antre de la sorcière,
ou elle lui envoyait une de ses suivantes, une
demoiselle Desœillets. Il semble bien, aussi,

qu'elle ait eu des rapports avec un chevalier Louis de Vanens, alchimiste adonné à des pratiques démoniaques, qui fut un des premiers arrêtés par La Reynie à la fin de 1677. Le valet de celui-ci, mis à la question, aurait déclaré : « Que le Chevalier de Vanens aurait mérité d'être tiré à quatre chevaux pour les conseils qu'il avait donnés à Mme de Montespan ». En tout cas, il est assez singulier que, parmi les rares livres qui composaient la bibliothèque de la favorite, au château d'Oiron, on ait trouvé après sa mort un *Cours de chimie* et une *Pharmacopée universelle*. Et il faut croire enfin que d'affreux soupçons planaient sur elle pour que Mme de Maintenon ait osé écrire à son frère les phrases que voici : « Madame de Montespan me voit souvent et m'a menée à Clagny. *Jeanne ne m'y croyait pas en sûreté.* »

Quoi qu'il en soit, ce qui ressort des différents interrogatoires des accusés, soigneusement confrontés et recoupés par le lieutenant de police, La Reynie, — c'est d'abord que Mme de Montespan fit pratiquer différentes conjurations magiques, pour se débarrasser de La Vallière. Le texte d'une de ces conjurations nous a été conservé dans le dossier de l'Affaire : « Je demande l'amitié du Roi et celle de Monseigneur le Dauphin, qu'elle me soit continuée, *que la Reine soit stérile*, que le Roi quitte son lit et sa table pour moi, que j'obtienne de lui tout ce que je lui demanderai pour moi et mes parents ; que mes serviteurs et domestiques lui soient agréables ; chérie et respectée des grands seigneurs, que je puisse être appelée aux conseils du Roi et savoir ce qui s'y passe et que, cette amitié redoublant plus que par le passé, le Roi quitte et ne regarde La Vallière, et que, *la Reine étant répudiée, je puisse épouser le Roi.* »

D'autres conjurations eurent lieu soit pour écarter, soit *pour faire mourir* La Vallière. Les événements parurent justifier ces sortilèges : Mme de Montespan prit très rapidement la place de sa rivale. Mais ce n'était pas une place de tout repos. De nouvelles rivales la menaçaient sans cesse. Alors, pour éloigner le péril, elle courait chez la sorcière ou elle envoyait la Desœillets en consultation. Marguerite Mauvoisin, la fille de la Voisin, fit, devant les juges, la déclaration suivante : « Toutes les fois qu'il arrivait quelque chose de nouveau à Mme de Montespan et qu'elle craignait quelque diminution aux bonnes grâces du Roi, elle donnait avis à ma mère, afin qu'elle y apportât quelque remède et ma mère avait aussi recours à des prêtres, par qui elle faisait dire des messes (des messes noires), et donnait des poudres pour les faire prendre au Roi... » C'est ainsi que les poudres et les conjurations furent mises en œuvre, lors du retour de dévotion qui, en 1675, détermina le Roi à éloigner sa maîtresse. Les manœuvres recommencèrent, lorsque Mme de Ludres, puis Mlle de Fontanges semblèrent sur le point de détrôner Mme de Montespan. Des rites sanglants accompagnaient ces pratiques. Des enfants furent égorgés, à ces messes noires, et leur sang mêlé, dans un calice, à d'ignobles ingrédients, pour en composer des philtres : « La fille de la Voisin a dit, — écrit La Reynie, — qu'elle a vu dire cette sorte de messe chez sa mère... Elle l'aidait à préparer les choses nécessaires pour cela : un matelas sur des sièges, deux tabourets, aux deux côtés, où étaient les chandeliers avec les cierges, après quoi Guibourg (un des prêtres, dont se servait la Voisin) venait de la petite chambre à côté, revêtu de sa chasuble, — et après cela, la Voisin faisait entrer dans la chambre, la femme sur le ventre de laquelle la messe devait être dite. Mme de Montespan se fit dire cette sorte de messe, il y a trois ans, chez sa mère, où elle vint vers les dix heures et n'en sortit qu'à minuit... *La fille de la Voisin ajoute qu'il avait été égorgé un enfant à la messe*

*que Mme de Montespan s'était fait dire chez sa
mère... »*

On s'imagine la stupeur et la honte de Louis
XIV, en lisant ces révélations monstrueuses.
Ainsi, on assassinait et on empoisonnait pour conserver son amour ! Cette Belle Madame qu'il
avait adorée, se prêtait aux rites dégoûtants et
sacrilèges des sorcières, et, pour assouvir son appétit de domination, elle souffrait qu'on égor-
geât devant elle d'innocentes créatures ! Elle
avait fait pis peut-être : elle avait essayé de l'abê-
tir et de le dégrader, en l'asservissant à l'instinct,
en surexcitant sa sensualité par des drogues luxurieuses. Car ces poudres, dont parlait la fille de la
Voisin, étaient, comme elle disait, « des poudres
pour l'amour », de véritables aphrodisiaques
composés avec des cantharides et toute une va-
riété d'ingrédients immondes. Un officier du go-
belet, dévoué à Mme de Montespan, aurait mêlé
ces poudres aux aliments et aux boissons servies
au Roi. Ainsi s'expliquent sans doute les crises
luxurieuses qui, vers cette époque, entre 1675 et
1680, tourmentèrent si fréquemment Louis XIV,
— comme aussi les malaises, les maux de tête,
les vertiges et les faiblesses dont il souffrit alors
et dont le *Journal de la santé* fait mention, à
maintes reprises. Les historiens, il me semble,

n'ont pas suffisamment insisté sur ce fait que, pendant plusieurs années, peut-être pendant dix ou quinze ans, Louis XIV fut littéralement empoisonné d'aphrodisiaques par sa maîtresse. Ainsi s'expliqueraient ses infidélités, ses passades, pendant cette période. Dans de telles conditions, elles n'auraient plus, si l'on ose dire, rien que de naturel, — et ce dont il faudrait le plus s'étonner, c'est que cet homme de trente-cinq ans, ainsi excité artificiellement et plus exposé que quiconque à des tentations continuelles, ait été, en somme, si réservé et si modéré dans ses plaisirs.

La Belle Madame avait donc fait cela froidement ! A l'ignominie de telles pratiques elle avait encore ajouté le sacrilège. Car ces poudres étaient, paraît-il, placées sous le calice durant le sacrifice de la messe et bénites par le prêtre, au moment de l'Offertoire. La favorite avait voulu réduire son amant à n'être plus qu'une bête de luxure. Mais elle avait fait pis encore : dans un accès de rage et de jalousie, elle avait voulu empoisonner le Roi et sa nouvelle maîtresse.

Cette dernière venue dans le chœur des favorites royales, était la pauvre Fontanges qui mourut à vingt-deux ans, après des couches laborieuses, mais de façon si suspecte que le Roi, craignant des révélations terribles, défendit de faire l'autopsie de son corps. Il l'avait, en quelques mois, nommée duchesse à tabouret et comblée de toute espèce de faveurs et de cadeaux. Il semblait bien que, cette fois, ce fût le coup de grâce pour Mme de Montespan. Celle-ci, ne se résignant pas à sa défaite, et folle de désespoir, conçut alors le projet du double empoisonnement : « Ma mère, raconte la fille de la Voisin, me dit que Mme de Montespan voulait, de ce moment, tout porter à l'extrême et la voulait engager à des choses où elle avait beaucoup de répugnance. Ma mère me faisait entendre que c'était contre le Roi, et, après avoir entendu ce qui s'était passé chez la Trianon (sorcière, amie de la Voisin) je n'ai pu en douter... » En effet, Mme de Montespan s'adressa encore une fois à la célèbre sibylle et lui promit cent mille écus, si elle réussissait ce double coup... « Louis XIV, écrit M. Funck-Brentano, dans son dramatique et curieux livre, le *Drame des Poisons*, devait être empoisonné le premier. La Voisin et ses associés avaient songé tout d'abord à mettre des poudres magiques, préparées selon les formules des grimoires, sur les habits du Roi, ou bien dans un lieu où il devait passer, ce que la demoiselle Desœillets, attachée à Mme de Montespan, prétendait faire aisément. » Le Roi mourrait de langueur. Mais,

après réflexion, la Voisin s'arrêta à un moyen
dont l'exécution lui paraissait plus sûre. Confor-
mément à l'ancienne coutume des rois de France,
Louis XIV recevait lui-même, à certains jours,
les placets que lui présentaient ses sujets. Tout
le monde était introduit sans distinction de condition ni de rang. On résolut d'accommoder un
placet, en l'enduisant de poudres ayant passé
sous le calice : le Roi le prendrait de ses mains
et serait frappé à mort. La Trianon se chargerait
de la préparation du papier que la Voisin devait
remettre entre les mains de Louis XIV... »

Cette combinaison scélérate échoua. Après un
premier voyage inutile à Saint-Germain, où elle
ne fut pas reçue par le Roi, la Voisin se pro-
posait d'y retourner, le 13 mars de l'année 1679,
mais, le 12, elle était arrêtée. Au cours de ses
interrogatoires, elle ne dit rien du projet d'empoisonnement du Roi et de Mlle de Fontanges.
Ses complices, en revanche, parlèrent, après son
exécution, et leurs déclarations se trouvèrent con-
cordantes. Au mois d'octobre de l'année suivante, les procès-verbaux de leurs interrogatoires
furent transmis à Louis XIV, qui, terrifié par ces
révélations, fit suspendre les séances de la Chambre Ardente. Le 17 du même mois, Louvois
écrivait à La Reynie : « J'ai reçu les lettres que

vous m'avez fait l'honneur de m'écrire. *Le Roi en a entendu la lecture avec douleur.* »

C'était, pour lui, l'infamie suprême. Devant le crime patent de sa maîtresse, il dut être transporté d'indignation et, en même temps, submergé d'horreur et de dégoût. Voilà donc celle qu'il avait aimée ! Il avait tenu dans ses bras une empoisonneuse et une tueuse d'enfants ! Et cette tueuse avait voulu le tuer lui-même !... En cette minute, où il fléchissait sous la honte et le remords, il réentendit sans doute les paroles tonnantes du père Bourdaloue, dans son terrible *Sermon sur l'Impureté :* « Sire, l'esprit impur a comme une liaison nécessaire avec tous les vices, et tous les vices sont pour ainsi dire à ses gages et à sa solde. *C'est pour lui que l'homicide répand le sang humain, pour lui que la perfidie prépare des poisons,* pour lui que la calomnie est ingénieuse à inventer, pour lui que l'injustice est toute puissante quand il s'agit de solliciter, pour lui que l'avarice épargne, pour lui que le prodigue dissipe, pour lui que le parjure trompe, *pour lui que le sacrilège attente sur ce qu'il y a de plus saint...* » Mme de Montespan avait commis tous ces crimes. Est-ce qu'il n'en était pas responsable, lui qui l'avait prise à son mari pour la livrer à cet « esprit impur », dont parlait le grand prédicateur ? Il voyait maintenant dans quel abîme on roule, quand on abandonne son cœur aux démons de toutes les concupiscences ! A tout prix, il fallait sortir de cet enfer ! A tout prix, il fallait rompre sa vieille chaîne de péché !

Nul doute que, sur le premier moment, dans le sursaut de sa colère et l'accablement de sa confusion, il n'ait eu l'idée de la chasser de la Cour pour ne plus la revoir jamais. Depuis long-temps, depuis le commencement du procès, au cours duquel son nom avait été si souvent pro-noncé, il la soupçonnait des pires choses. Ils avaient eu ensemble une explication des plus vio-lentes. Maintenant, la mesure était comble. Mais le Roi était un homme naturellement trop pru-dent et trop réfléchi pour faire un grand éclat, pour infliger une punition qui serait pire que le mal, — surtout pour prolonger un scandale, qui, à travers la grande noblesse de France, atteignait jusqu'au trône lui-même. Le Roi fit fermer la Chambre ardente et il décida que sa maîtresse coupable, que la mère de ses enfants, non seu-lement ne serait pas poursuivie, mais qu'elle con-tinuerait à habiter la Cour. Il y allait de la dignité royale que l'amie du Roi ne parût point crimi-nelle. Seulement, elle dut quitter son apparte-ment. Outre les raisons de convenance qu'il y

avait à ce changement, il ne voulait plus avoir
près de lui une empoisonneuse.

Mme de Montespan resta donc à la Cour, —
pendant longtemps encore, pendant dix ans au
moins, comme La Vallière elle-même y était restée, mais pour des motifs moins avouables. Le
coup qui venait de la frapper ne l'avait point cor-
rigée. Elle était toujours aussi affolée de plaisir,
aussi avide d'argent et d'honneurs, tant pour elle
que pour les siens. Elle caressait toujours, dans
le secret de sa conscience, l'espoir obstiné de reconquérir le Roi. Enfin, lorsque son ancien
amant, qui la « méprisait » nous dit-on, l'eût
obligée à quitter définitivement la Cour, lorsqu'elle fut bien convaincue que, décidément, il
n'y avait rien à faire, qu'il fallait renoncer à
toute espérance de reprendre sa place, — ce fut
tout de même la conversion, — une conversion
bien tardive, mais évidemment sincère et quelque peu effrayante. Elle épouvanta les contemporains. Quels crimes avait donc commis cette
femme qui ne trouvait pas de pénitence assez dure
pour expier sa vie passée, qui portait constamment un cilice sous ses vêtements, qui meurtris-
sait sa chair avec des pointes de fer, qui avait
tellement peur des ténèbres, que, pendant toute
la nuit, elle faisait allumer des bougies dans sa

chambre à coucher ? Quels spectres hantaient ses insomnies ? Revoyait-elle les fantômes pitoyables des pauvres petites créatures qui avaient donné leur sang pour elle et pour ses cupides amours ?...

Le Roi, au contraire, se convertit tout de suite, au lendemain du drame des poisons. Saint-Simon et quelques autres ont affirmé que, seule, la peur du diable avait pu le détacher de Mme de Montespan et l'amener à la dévotion. Cela est vrai, en ce sens que les atrocités et les turpitudes dévoilées de sa maîtresse lui mirent en quelque sorte sous les yeux tout ce que peut le génie du mal. Il recula d'effroi et de dégoût... Et peut-être aussi qu'il se souvenait toujours de cette rencontre mystique dans les appartements ou dans les rues de Versailles, dont nous parle La Fare ?... Le Saint-Sacrement porté à un de ses officiers malades... Oui, peut-être s'en souvenait-il toujours ! Le Christ était venu à lui, et il l'avait repoussé pour retourner à ses hontes !

Quelqu'un se trouva là juste à point pour bénéficier de cette crise de conscience. Ce quelqu'un avait l'œil sur lui depuis longtemps : c'était la propre gouvernante des enfants adultérins de

Mme de Montespan, celle dont il venait de faire
une marquise de Maintenon. Surveillée de très
près et dirigée par tout un groupe de personnes
pieuses et de gens d'église, Mme de Maintenon
était persuadée, plus que jamais, qu'elle avait,
auprès du Roi, une mission à remplir : l'aider à
faire son salut, en l'arrachant d'abord au scandale de l'adultère, et, comme on disait alors, au
commerce des femmes.

Elle commença par obtenir de lui qu'il se ran-
geât. Le Roi avait quarante-deux ans. Il était
dans toute la force de son tempérament, et,
certes, on pouvait toujours s'attendre, chez lui, à
un retour offensif de ses vieilles passions. Néanmoins, il fit un grand effort sur lui-même. Il mit
une dignité parfaite dans sa vie. Jamais on ne
l'avait vu si bon père de famille, si empressé auprès de la Reine. Celle-ci, étonnée et ravie d'un
tel changement, en attribuait tout l'honneur à la
pieuse et habile Maintenon. Elle la remerciait de
lui avoir rendu le cœur du Roi...

Et puis, un an ou deux ans plus tard, la Reine
mourait, — et l'on assistait à cette chose inouïe :
Mme de Maintenon, la veuve d'un bohème des
lettres, l'ex-Mme Scarron enfin, devenant l'épouse
morganatique de l'homme qui, alors, était l'arbitre de l'Europe.

Cette aventure étourdissante est peut-être ce qu'il y a de plus mystérieux dans toute la vie sentimentale du Roi : il nous faut essayer de l'expliquer...

TROISIÈME PARTIE

LE DÉSABUSÉ

La fortune de Mme de Montespan avait été quelque chose de soudain, d'irrésistible et d'éblouissant. Celle de Mme de Maintenon fut lente, coupée de mille traverses, et, même lorsque cette femme, partie de la misère et de l'obscurité, fut arrivée au comble des grandeurs, elle tint à s'envelopper d'ombre et, à garder, au moins en apparence, une place modeste.

On a souvent cité une phrase qu'elle écrivit à son amie, Mme de Villarceaux, au mois d'août 1660, lors de l'entrée triomphale, à Paris, de Louis XIV et de sa jeune femme, l'infante Marie-Thérèse : « Je ne crois pas qu'il se puisse rien voir de si beau, et la reine dut se coucher, hier

au soir, assez contente du mari qu'elle a choisi. »
On a voulu voir là, vingt-cinq ans avant leur
union, une sorte de déclaration d'amour de
Mme de Maintenon au Roi et comme une première indication de toute une destinée. Dès ces
temps lointains, Françoise d'Aubigné, veuve
Scarron, aurait songé à la conquête du Roi, elle
en aurait comploté la réussite, et, vers ce but fixé
une fois pour toutes, elle se serait mise en route
d'un pas ferme. Ce sont de ces rapprochements,
ou de ces inductions, que l'on fait après coup.
En réalité, rien de plus confus, ni même de plus
indécis que les débuts de cette prétendue ambitieuse, rien de plus obscur que « le premier tome
de sa vie », selon l'expression de Mme de Sévigné. Devenue reine de France, elle disait
qu'elle voulait être « une énigme pour la postérité ». Le fait est qu'elle apparaît aussi mystérieuse, aussi fermée que le Roi lui-même. Mais
cette prudente personne qui se dérobait si jalou-
sement aux regards, voyait-elle bien clair en elle-
même? Dans quelle mesure a-t-elle été l'artisan
de son destin? Ce que nous savons de son enfance et de sa première jeunesse laisse subsister
des doutes irréductibles sur son caractère comme
sur sa conduite.

Fille d'un aventurier et d'une personne d'assez basse condition, devenue orpheline de bonne heure, elle vécut sinon précisément de la charité publique, du moins aux crochets de l'un ou de l'autre. Elle fut d'abord recueillie par des parentes plus ou moins éloignées, Mme de Villette, puis Mme de Neuillant. Cette dernière nous est représentée par Saint-Simon comme une avaricieuse créature qui tenait sévèrement les clés de son grenier et qui « voyait elle-même mesurer l'avoine à ses chevaux, dans son écurie ». La jeune Françoise aurait été, chez sa protectrice, une véritable servante. Ses ennemis répétèrent même, plus tard, qu'elle avait gardé les dindons au village. Et Saint-Simon, son plus féroce détracteur, en conclut qu'elle fut marquée pour la vie par cette condition quasi servile de son enfance et qu'elle n'arriva jamais à se décrasser de la bassesse et de l'humilité de ses origines.

D'après le même historien, ce serait pour se débarrasser d'elle que Mme de Neuillant l'aurait mariée au podagre Scarron, beaucoup plus âgé qu'elle et qui aurait pu facilement passer pour son père. Elle avait dix-sept ans, pas un sou de dot et ne connaissait que sa province et son couvent.

Son vieux mari disait d'elle qu'elle lui avait apporté, en tout et pour tout : « deux grands yeux fort mutins, un très beau corsage, de belles mains et beaucoup d'esprit... »

Ainsi jetée brusquement dans un milieu très différent de celui où elle avait vécu jusque-là, elle s'y adapta avec une facilité surprenante. La maison de Scarron réunissait des gens de toute espèce, des bohèmes de la littérature et des grands seigneurs, des grandes dames et des courtisanes. Le ton de la conversation n'y était pas toujours très édifiant, pas plus que les façons des habitués du lieu. La jeune Mme Scarron sut très vite s'accommoder de cette société un peu spéciale, sans toutefois en prendre les allures, sans s'y mêler, mais sans blesser non plus les hôtes de son mari par une affectation de réserve et de rigidité. C'est là un des traits les plus constants de son caractère : cette dévote saura traverser les milieux les plus inquiétants, frôler les situations les plus louches, en évitant de s'y compromettre, au moins d'une manière bien nette et irréparable. Elle sera la pure hermine qui côtoie maintes souillures et maintes turpitudes, sans se salir elle-même. Faut-il voir un souci de se justifier par avance de son passage chez Scarron, dans ces lignes qu'elle semble avoir dictées elle-même à son élève, Mme de

Caylus : « Elle passait ses carêmes à manger un hareng au bout de la table et se retirait dans sa chambre, parce qu'elle avait compris qu'une conduite moins exacte et moins austère, à l'âge où elle était, ferait que la licence de cette jeunesse n'aurait plus de frein et serait préjudiciable à sa réputation. »

Ainsi elle se tenait à l'écart chez son mari (« au bout de la table » dit Mme de Caylus,) elle ne prenait aucune part aux folies de « cette jeunesse » qui fréquentait chez le spirituel cul-de-jatte : du moins c'est elle qui l'assure. Ce qui paraît probable c'est que, si elle-même, par une attitude renfrognée, ne gênait pas les convives de Scarron, elle se sentait gênée par eux : ce n'était pas là son monde. Aussi, quand elle ne se retirait point dans sa chambre, elle s'évadait le plus souvent possible du logis conjugal. L'époux n'en prenait pas toujours facilement son parti, témoin cette lettre, qui serait une accusation terrible contre Françoise d'Aubigné, si l'on n'y faisait la part et de la mauvaise humeur du mari et de l'outrance habituelle au poète burlesque : « Trouvez bon, écrivait celui-ci, au duc d'Elbeuf, que je vous rende mille grâces de l'honneur de votre souvenir, de tous les pâtés que vous m'avez envoyés et du dernier que je viens de recevoir.

L'ouverture s'en fera aujourd'hui entre MM. de Vivonne, de Mata, d'Elbêne, Châtillon et moi. Nous y boirons votre santé avec emportement, et l'honneur de votre souvenir me consolera pleinement de l'absence de Mme Scarron que Mme de Montchevreuil m'a enlevée. J'ai grand peur que cette dame débauchée ne la fasse devenir sujette au vin et aux femmes et ne la mette sur les dents avant de me la rendre. »

On n'ose pas lire entre ces lignes cyniques, et il faut se rappeler ce qu'était Scarron pour ne les point prendre trop au pied de la lettre. Il est infiniment probable pourtant que ce vieux paillard de Scarron a essayé de mettre sa jeune femme à l'unisson moral de son entourage. Se vantait-il lorsqu'il disait d'elle : « Je ne lui ferai pas de sottises, mais je lui en apprendrai ? » — En tout cas, Mme de Maintenon écrivait plus tard à son frère, — le 28 février 1678, — cette phrase significative : « Je n'ai jamais été mariée. » Et, plus tard encore, dans ses entretiens avec les demoiselles de Saint-Cyr, elle disait : « Il serait difficile de prévoir jusqu'où les maris peuvent porter le commandement. *Il faut se soumettre avec eux à des choses presque impossibles.* » Tout cela semble bien confirmer les vantardises de Scarron. Ce qu'il y a de certain c'est qu'un grand nombre des contemporains de Mme de Maintenon furent convaincus qu'elle n'avait pas passé impunément dix ans de sa vie dans des compagnies comme celle-là. La chronique galante de l'époque lui a prêté plusieurs amants parmi les familiers de son mari : Villarceaux, Villars, Beuvron, d'Albret... Saint-Simon affirme sans hésiter qu'elle fut entretenue par Villarceaux. Et l'on cite toujours les phrases fameuses de Ninon de Lenclos : « Scarron était mon ami. Sa femme m'a donné mille plaisirs par sa conversation, et, dans le temps, je l'ai trouvée trop gauche pour l'amour. Quant aux détails, je ne sais rien, je n'ai rien vu. Mais je lui ai prêté souvent ma chambre jaune à elle et à Villarceaux. » Il est vrai du moins que Villarceaux en fut éperdûment amoureux et qu'il poursuivit longtemps de ses obsessions la femme de son ami. Mais ce grand débauché, ce courtisan sans vergogne, qui, dix ans plus tard, offrait à Louis XIV de lui vendre sa nièce, n'a jamais osé dire qu'il eût réussi auprès d'elle. Désespéré de la réduire jamais, il l'aurait fait peindre de grandeur naturelle, étendue sur un lit de repos, entièrement nue, sortant du bain, et il se donnait l'étrange plaisir de la contempler solitairement. Il paraît que cette

singulière peinture, faite de fantaisie, existe encore...

Une chose non moins sûre que la passion de
Villarceaux, c'est que la jeune Mme Scarron vivait avec Ninon dans la plus grande intimité. A
un certain moment, non seulement les deux amies
faisaient chambre commune, mais elles parta-
geaient le même lit. Il sied d'ajouter qu'à cette
époque-là, Ninon s'était rangée. Ce n'était plus
la courtisane aux aventures scandaleuses, c'était
Mlle de Lenclos, qui recevait alors les plus honnêtes gens de la Cour et de la Ville. Ajoutons
encore qu'au XVIIe siècle, l'usage, entre sœurs
ou entre amies, était de faire chambre commune,
et il arrivait fréquemment que l'on fût plusieurs
à coucher dans le même lit. De tous ces détails
plus ou moins tendancieux, — que nous venons
de rappeler, parce qu'on s'est appuyé sur eux
pour incriminer la conduite de Mme de Maintenon,
— il est impossible de tirer une conclusion positive contre les mœurs de la jeune femme. Ninon
elle-même semble l'avoir disculpée d'avance lorsqu'elle prononça sur elle cet équivoque jugement : « *Madame de Maintenon était vertueuse
par faiblesse d'esprit. J'aurais voulu l'en guérir,
mais elle craignait trop Dieu.* » Ninon a l'air
d'insinuer que son amie se serait laissé aller vo-

lontiers aux plus beaux désordres d'amour, mais que ces penchants étaient combattus chez elle par des scrupules religieux. Cette résistance victorieuse aux entraînements des sens, c'est ce qu'on appelle proprement la vertu. Mme Scarron aurait donc été vertueuse, — et même très vertueuse, — de résister à la fois aux suggestions sensuelles et surtout aux discours et à l'exemple de sa redoutable amie. Mais peut-on dire qu'elle y ait eu tant de peine ? Avait-elle un de ces tempéraments tyranniques, qu'on ne peut tenir en bride que par les pires contraintes matérielles, morales ou religieuses? Il paraît, au contraire, que cette personne « aux yeux mutins » et au « très beau corsage » était la plus froide des femmes. Aucun homme, pas même le Roi, n'a pu se vanter d'avoir ému son cœur ou ses sens.

Voyez plutôt comme elle se comporte après la mort de son mari. Scarron meurt en 1660. Sa veuve n'a pas plus de vingt-cinq ans. Elle peut essayer de se remarier, ou, si elle est réellement de complexion amoureuse, comme Ninon le sousentend et comme l'ont affirmé ses calomniateurs, elle peut se jeter dans la galanterie, à l'exemple de sa conseillère et amie. Rien ne l'en empêche. Elle est libre désormais. Villarceaux l'aime toujours. Pourquoi n'accepterait-elle pas d'être entretenue discrètement par lui, même en n'ayant avec cet amoureux si fidèle que des rapports de pure amitié ? Son mari ne lui a rien laissé. Elle est dans une situation des plus précaires : c'est la pauvreté et bientôt la misère !... Néanmoins, elle ne dévie pas de sa ligne. Cette femme pieuse se retire tout de suite au couvent des Hospitalières de la Place Royale, — ce couvent qu'on appelait alors la Charité-Notre-Dame, ou la Petite Charité.

Ainsi, Mme Scarron, à vingt-cinq ans, jolie, spirituelle, joignant à tous les charmes de l'esprit le prestige de la beauté, ayant devant elle la carrière la plus brillante, — Mme Scarron est pensionnaire de la Charité ! Elle y était entretenue à peu près gratuitement, et la chambre, dont elle jouissait, lui avait été prêtée par la maréchale d'Aumont, cousine de Scarron. Elle vivait d'aumônes : « La maréchale, raconte Tallemant des Réaux, lui envoya, au commencement, jusqu'à des habits. Mais elle le fit savoir à tant de gens qu'enfin la veuve se lassa et lui fit renvoyer une charrette de bois que la maréchale avait fait décharger dans la cour du couvent... » Si pauvre qu'elle fût, Mme Scarron tenait donc à conserver une parfaite dignité de vie. Elle ne voulait pas être la parente pauvre à qui l'on donne ses vieilles

nippes. Elle prétendait, tout en menant une conduite exemplaire et vraiment méritoire chez une
aussi jeune femme, y joindre toute la décence
extérieure que réclamait sa condition. Elle n'a-
vait d'autre ambition que de vivre modestement,
mais convenablement. Et c'est pourquoi elle en-
treprit alors des démarches auprès du surintendant Fouquet, puis auprès de la Reine-mère elle-
même, pour obtenir le rétablissement de la pension de 300 écus accordée autrefois à son mari.
La Reine, nous dit Mlle d'Aumale, la fit porter
à 2.000 écus, *en récompense « de sa bonne
conduite et de l'admiration qu'elle causa. »*

La parfaite correction de vie de la veuve Scarron nous est donc certifiée officiellement. Cela
n'empêcha pas ses ennemis de répandre le bruit,
plus tard, qu'elle avait été chassée de la Charité, à cause du scandale causé par ses allures et
ses déportements. Il est infiniment probable que
les religieuses regardaient sans tendresse une pensionnaire peu payante et qui, de plus, attirait des
visiteurs trop nombreux et trop frivoles à leur gré.
Les carrosses et les chaises de ces personnages,
les laquais qui les suivaient, leurs allures trop
mondaines enfin et jusqu'au faste de leurs ajus-
tements, tout cela révolutionnait les habitudes du
couvent. On devait souhaiter cordialement le dé-

part d'une femme distinguée et pauvre, qui se permettait d'avoir de si magnifiques relations. Mais la raison qui paraît bien avoir été déterminante, — la grande raison de ce départ, c'est que Mme Scarron, désormais riche de 2.000 écus de pension, trouvait la Petite Charité un peu indigne de son rang et du beau monde qu'elle recevait.

Avec 6.000 livres de rentes, elle aurait pu fort bien vivre au Marais, ou dans tout autre quartier élégant, à proximité de ses brillantes connaissances. Encore une fois, elle n'en fit rien. Elle avait l'air de fuir une liberté, dont toute autre qu'elle se fût empressée de profiter et dont elle eût tiré les plus solides avantages. Mme Scarron, pensionnaire de la Reine, s'installa dans un autre couvent, — celui des Ursulines du Faubourg Saint-Jacques, où, jadis, elle avait abjuré le calvinisme. Et, là, elle continua à vivre comme elle avait fait à la Charité, partageant son temps entre les visites et les exercices de piété. Peut-être s'essayait-elle déjà à son rôle de directrice de consciences. Des files de carrosses, appartenant aux personnages les plus titrés, encombraient la rue Saint-Jacques : les visiteurs de Mme Scarron n'arrêtaient pas de défiler devant le guichet de la sœur tourière. Elle-même était reçue dans

le plus grand monde. Elle fréquentait surtout
chez la duchesse de Richelieu et chez la maréchale d'Albret. C'est chez cette dernière qu'elle
fit la connaissance de Mme de Montespan, — événement capital dans sa vie et qui fut le prélude
de son étonnante fortune. « M. et Mme de Montespan, dit Saint-Simon, ne bougeaient de chez
le Maréchal, — et ce fut là où elle connut
Mme Scarron et prit amitié pour elle... » Quelle
était l'attitude de cette jeune veuve de condition
modeste dans ce monde si brillant, on le devine
sans peine, quand on connaît un peu le caractère
discret de Mme de Maintenon. Mais la malignité
de ses ennemis se plut à exagérer son effacement
voulu, comme son désir de plaire et d'obliger.
« Dans ces maisons, écrit le même Saint-Simon,
Mme Scarron n'était rien moins que sur le pied
de compagnie : *elle y était à tout faire,* — tantôt
à demander du bois, tantôt si on servirait bientôt,
une autre fois si le carrosse de celui-ci ou de celle-
là était revenu, et ainsi de mille petites commis-
sions dont l'usage des sonnettes, importé longtemps depuis, a ôté l'importunité. » Il est fort
douteux, en vérité, que Mme de Maintenon se soit
jamais ravalée d'elle-même à ce rôle de servante à tout faire. Quand elle rendait un service, elle tenait à en faire sentir le prix : en un

mot, elle cherchait à *obliger* son monde, à se l'attacher par une vague gratitude. Et elle devait mettre beaucoup de dignité et de bonne grâce dans ces menus services. Elle était beaucoup trop habile pour ne pas savoir qu'on ne gagne rien à se laisser mépriser. Certes, elle était humble à l'occasion, mais d'une humilité chrétienne et raisonnée. Saint-Simon, aveuglé par la haine, n'a peut-être pas très bien démêlé toutes ces nuances.

En somme, si nous essayons de nous la représenter telle qu'elle était dans cette première période de sa vie, nous nous trouvons en présence d'une personne moyenne en tout : une beauté qui fut peut-être des plus capiteuses au début (rappelons-nous « les yeux mutins, le très beau corsage et les belles mains » vantés par son mari) mais une beauté qui s'amortit et qui se glaça de plus en plus avec les années ; un esprit solide et judicieux, de la culture, beaucoup de bon sens, de finesse, d'adresse et même de charme, une conversation plus polie et plus aimable que brillante, parée de toutes les grâces et de toutes les élégances qu'on peut acquérir ; infiniment de manège et de souplesse ; une grande connaissance du monde. Avec cela, foncièrement honnête et droite, dévote sans exaltation, d'une dévotion raisonnable et raisonnée, un peu à la huguenote ; — un tempérament froid, une femme de peu de cœur et de peu de sens, — voire même de peu d'ambition, encore une fois moyenne en tout. Car enfin, pendant cette première partie de sa vie, pendant ces « années de ténèbres » comme dit Saint-Simon, elle n'a rien d'une intrigante. Bien loin de s'agiter éperdûment vers la fortune, elle mène une existence toute calme, tout unie. Elle semble borner ses désirs à une pension modeste qui lui permette de vivre décemment, et, comme elle a beaucoup d'esprit et de conversation, à fréquenter les gens les plus distingués, les compagnies qui sont le plus capables d'apprécier ses dons. Plus tard, lorsqu'elle eut, comme on dit, le pied à l'étrier par ses fonctions de gouvernante des enfants de Mme de Montespan, elle se montra tout le contraire d'une ambitieuse assoiffée d'honneurs et d'argent. Pendant plus de trois ans, elle se contenta de ses 2.000 écus de pension. C'est seulement en 1672 que cette pension fut portée à 6.000 écus. Enfin, deux ans plus tard, lorsque le Roi lui accorda la récompense promise, les deux cent et quelques mille francs qui lui permirent d'acheter la terre de Maintenon, elle parut au comble de ses vœux : c'était la retraite assurée pour ses vieux jours. On se rappelle la lettre qu'elle écrivit, sur ce sujet, à son frère : « Je suis en marché d'une terre, dont j'offre 240.000 francs, n'en dites encore rien : il ne faut jamais se vanter ; cela porte malheur. Adieu, mon cher frère, *je crois que nous passerons une assez jolie vieillesse, s'il peut y en avoir de jolie...* »

Et voilà tout son rêve : une vieillesse tranquille, dans une maison confortable, où elle sera bien chez elle, — quelques amis et quelques livres de choix. Ce sont de bonnes conditions pour faire tout doucement son salut. Car elle n'aime pas le bruit, les tracas, les soucis, la vaine agitation des Cours. Elle adore l'intimité, la vie simple, même un peu rude (elle se souviendra toujours d'avoir été une campagnarde). Elle veut du loisir pour s'occuper de sa santé, — de son corps comme de son âme. Elle veut avoir le temps de se soigner, s'entourant de mille précautions contre les maladies et, sans grande confiance dans l'habileté des médecins, se complaisant aux remèdes de bonne femme.

Et pourtant, chez cette personne effacée, cette pensionnaire de la Petite Charité, que les gens mal avertis considèrent comme une quantité négligeable, une subalterne, moitié dame de compagnie, moitié servante à tout faire, il y a un besoin inné de domination, une sorte de monomanie de la direction. Ceux qui l'observent d'un peu près, à cette époque-là, peuvent discerner en elle ces tendances jointes à un pédantisme latent. Il y a, en elle, de la supérieure de couvent et de la maîtresse de pensionnat. Chose singulière, c'est à l'école du vice que ce parangon de vertu apprit très probablement à développer ces quali- tés encore secrètes : nous voulons parler ici de son étrange intimité avec Ninon de Lenclos. Le mot « vice » est peut-être trop fort, appliqué à Ninon: c'est plutôt le plaisir ou la corruption aimable qu'il faudrait dire. Mme de Maintenon frôla cette dangereuse amie, sans être le moins du monde, — à ce qu'il paraît du moins, — effleurée par son exemple. Elle lui laissa son libertinage de mœurs et de doctrine. Mais elle apprit de la grande cour- tisane l'art de dominer les hommes par la flatterie et la lente persuasion. Elle apprit d'elle que cet art est facile, en somme. Ninon lui fit toucher du doigt la sottise et la vanité de la plupart des mâles ; et quant à ceux qui se piquent d'être eux-mêmes des volontés et des intelligences do- minatrices, elle lui enseigna que ces violents finissent par céder à la douceur enveloppante et dissolvante d'une volonté féminine acharnée à les conquérir.

Sans une certaine similitude d'âme, sans ce

même appétit de domination, — et sans l'appât d'un véritable bénéfice moral pour sa conduite future, — on ne s'expliquerait guère la longue intimité de Mme de Maintenon avec Ninon de Lenclos, — à moins de faire entre elles la part du diable et de prêter l'oreille aux insinuations cyniques du mari.

Telle nous apparaît donc Mme de Maintenon, au moment où la fortune vint la prendre, pour la conduire beaucoup plus haut qu'elle n'eût jamais osé le rêver. Son élévation fut, en somme, l'œuvre du hasard, mais d'un hasard secondé par toutes les ressources d'une intelligence infiniment adroite et subtile, dès qu'elle entrevit jusqu'où les circonstances pourraient la mener.

Chez le maréchal d'Albret, Mme de Maintenon voyait beaucoup Mme de Montespan. Elle lui plaisait et même elle cherchait à lui plaire. Cela peut sembler étrange chez une personne qui s'était déjà établie sur le pied de la dévotion. Elle ne pouvait pas ignorer que la marquise de Montespan était la maîtresse du Roi et qu'en cette qualité elle trompait son mari, comme le Roi trompait sa femme. Néanmoins elle la flat-

tait, parce que cette Belle Madame était déjà
toute-puissante auprès de son amant. Ce qu'elle
considérait en Mme de Montespan, c'était la favorite, dont l'appui pouvait être utile à une personne besogneuse comme elle. En conséquence,
elle fermait les yeux sur la maîtresse royale. Elle
n'en voulait rien savoir. Et d'abord on ne savait
rien, on ne devait pas savoir. Les relations du
Roi et de sa nouvelle amie, qui n'étaient un
mystère pour personne, s'entouraient néanmoins
de toute la décence convenable. Mme de Maintenon faisait comme la Reine : elle ignorait, par
principe, ces débauches secrètes. Après tout, cette
ignorance voulue pouvait passer pour de la charité chrétienne. C'est un trait constant du caractère de Mme de Maintenon que ses vertus se sont
toujours trouvées d'accord avec son intérêt.

Et puis voilà qu'un beau jour, on vint lui pro-
poser d'élever un enfant naturel du Roi et de
Mme de Montespan: c'était au mois de mars
1669. L'enfant était une petite fille qui mourut
en 1672, après la naissance du Duc du Maine.
Est-ce la marquise qui proposa elle-même à la
veuve Scarron de se charger de cette éducation
clandestine ? Cela ne semble guère probable, en
dépit des relations amicales qui existaient déjà
entre ces deux personnes. Un aveu comme celui-

là eût trop coûté à l'orgueil de l'épouse coupable. Il est plus vraisemblable que la proposition ait été faite à Mme Scarron par une amie commune. Et cette amie commune était, nous dit-on, Mme d'Heudicourt, laquelle était dans le secret des amours royales.

Redoutable cas de conscience pour la personne pieuse qu'était Mme Scarron ! Accepter ce rôle de gouvernante, c'était se rendre complice du double adultère du Roi et de la marquise de Montespan. Et, d'autre part, comment refuser un service qui lui était demandé par d'aussi puissants personnages ?... Dans son trouble elle dut recourir à son directeur. Et le directeur, après avoir tout bien pesé, dut lui conseiller d'accepter, en vue du bien qu'elle pouvait faire d'abord aux enfants, puis aux deux époux adultères. Ses fonctions d'éducatrice allaient lui permettre de voir assez fréquemment le Roi et Mme de Montespan, et cela avec une certaine familiarité. Habile à apprivoiser et à charmer comme elle était, quelles utiles vérités ne saurait-elle pas faire entendre aux deux coupables ! Peut-être même pourrait-elle les ramener dans la bonne voie !... Et puis cette place de confiance auprès d'une favorite très écoutée permettrait sans doute à la personne adroite et discrète qui la tiendrait d'apprendre bien des choses et d'obtenir bien des grâces. Pour toutes ces raisons, il valait mieux ne pas décliner l'offre d'élever les bâtards du Roi...

Cependant, en bonne morale, on ne pouvait passer sur « le double adultère » et se solidariser, pour ainsi dire avec lui. C'est pour cette raison que Mme Scarron ne voulut rien entendre de Mme de Montespan. Elle ne voulut entendre que le Roi. Elle ne serait pas la complice d'une faute qu'elle devait ignorer. Mais, en fidèle sujette, elle obéirait au Roi qui lui commandait de se charger de l'éducation d'un enfant naturel. Et c'est ainsi qu'elle n'accepta ces fonctions, qu'à la condition que l'ordre exprès lui en fût donné par Louis XIV lui-même. Au fond, cela valait beaucoup mieux pour sa tranquillité et sa sécurité. Dans ces conditions, elle ne dépendait que du Roi et non du caprice d'une favorite toujours agitée et changeante. Une femme, d'ailleurs, aime toujours beaucoup mieux obéir à un homme qu'à une autre femme. Et puis enfin, en acceptant, elle *obligeait* le Roi, qui, sans doute, s'en souviendrait... Pour commencer, il lui promit une récompense de cent mille livres, quand elle sortirait de charge.

Voilà les grandes raisons qui, selon toute apparence, décidèrent Mme de Maintenon à assumer ces fonctions de gouvernante. Ce furent les motifs religieux qui, certainement, eurent le plus de poids. Cette femme d'une piété sincère entendait *faire du bien* dans la place qu'elle allait occuper. Peut-être réussirait-elle à arrêter le scandale, en obtenant la séparation des deux amants ?... Ajoutons que, dans cet emploi, Mme Scarron allait trouver de quoi exercer tous ses talents de pédagogue et satisfaire sa manie de direction. Enfin, ce qu'il y avait en elle de féminité semble s'être éveillé et surexcité, en ce moment, à l'idée de se mesurer avec une autre femme, sous les yeux d'un homme, — d'un homme à qui elle voulait plaire. Déjà, sans doute, au plus obscur de sa conscience, elle se flattait de l'emporter sur sa rivale...

Entre elles deux, dès le premier jour, on peut dire que le duel était commencé.

Les historiens constatent que, dès le mois de juillet 1668, Mme Scarron habitait au Marais, rue des Trois-Pavillons, à deux pas de l'hôtel d'Albret, où elle rencontrait Mme de Montespan. Avait-elle complètement quitté, dès cette date, son couvent des Ursulines, et, en prévision des couches de la marquise, s'était-elle installée dans le voisinage d'une maison amie, de façon à se tenir constamment en rapports avec elle, sans éveiller la curiosité ? Quoi qu'il en soit, c'est le moment où elle prélude à ses ingrates fonctions de gouvernante des enfants royaux.

Elle ne tarda point à s'apercevoir que la tâche ne serait pas facile. Le plus pénible, pour elle, était d'être obligée à mille subterfuges pour cacher à son monde ses véritables occupations. Grosse affaire, grave responsabilité que d'avoir à élever une petite fille de Sa Majesté, autant dire une orpheline, puisqu'on l'avait séparée de sa mère ! Et cependant, aux yeux de ses amis, la gouvernante de l'enfant restait Mme Scarron, une veuve oisive, dont le temps se partageait entre une foule de frivolités mondaines. Elle-même, dans ses *Entretiens,* nous a conté ses tribulations et ses fatigues, en ce temps-là : « *J'allais souvent à pied,* dit-elle, de nourrice en nourrice, *déguisée,* portant sous mon bras du linge, de la viande, etc. Je passais quelquefois la nuit entière chez un de ces enfants qui était malade, dans une petite maison, hors de Paris. Je rentrais chez moi, le matin, par une petite porte de derrière, et, après m'être habillée, je montais en carrosse par celle de devant, pour m'en aller à l'hôtel d'Albret ou de Richelieu, afin que ma société ordinaire ne s'aperçût de rien et ne soupçonnât pas seulement que j'eusse un secret à garder... » C'est seulement dans l'été de 1670 que les deux premiers enfants furent réunis dans une grande maison isolée, entourée de jardins, au bout de la rue de Vaugirard. A partir de ce moment, Mme Scarron devint à peu près invisible pour ses connaissances. Tout cela dut lui être extrêmement pénible. Elle aimait ses aises, sa tranquillité. Son rêve était de vivre dans un bon fauteuil, au coin du feu, dans une chambre bien close. Et voilà qu'on l'obligeait à courir, *à pied*, de nourrice en nourrice, à passer des nuits entières au chevet d'un poupon malade, à délaisser, pour ces soins mercenaires, toutes ses belles relations !...

Mais elle n'était pas au bout de ses peines ! On l'avait engagée pour élever une petite fille, — et voici que, l'année d'après, on lui amenait un petit garçon et ainsi tous les ans ou presque : n'oublions pas que Mme de Montespan eut officiellement sept enfants du Roi. Pour la gouvernante, c'était un perpétuel surcroît de soucis, et, pour la dévote qu'était Mme Scarron, c'était un redoublement de scandale contre quoi sa conscience protestait. Bien loin de mettre un terme au double adultère, sa complaisance ne faisait que l'encourager : elle en voyait croître et se multiplier les fruits. Quelle honte et quels remords que d'être ainsi associée malgré elle au péché du Roi et de sa maîtresse !...

Joignons à ces bourrellements de conscience les scènes fréquentes que Mme de Montespan faisait à la gouvernante de ses enfants, ses colères, ses violences, ses perfidies surtout. Il n'y avait à attendre d'elle aucun bon procédé. Pas même de sécurité possible. La Belle Madame traitait la veuve Scarron comme une simple servante, elle se chamaillait avec elle sur une foule de détails de service, ou d'éducation, voire de médecine et de régime. Elle lui reprochait de lui voler le cœur de ses enfants. La gouvernante s'efforçait de tout supporter en silence. Mais, à la longue, elle finissait par perdre patience. En septembre 1674, après cinq années de cette existence trépidante, elle écrivait à son confesseur, l'abbé Gobelin : « Je ne saurais comprendre que la volonté de Dieu soit que je souffre de Mme de Montespan. *Elle est incapable d'amitié*, et je ne puis m'en passer (d'amitié). Elle ne saurait trouver en moi les oppositions qu'elle y trouve sans me haïr. Elle me redonne au Roi comme il lui plaît et m'en fait perdre l'estime. Je suis donc avec lui sur le pied d'une bizarre qu'il faut ménager. Je n'ose lui parler directement, parce qu'elle ne me le pardonnerait jamais ; et quand je lui parlerais, ce que je dois à Mme de Montespan ne me peut permettre de parler contre elle: ainsi je ne puis jamais mettre aucun remède à ce que je souffre... »

Cette lettre est infiniment curieuse, parce qu'elle nous laisse entrevoir quelque chose de la lutte, — du duel entre les deux femmes. On devine que Mme de Maintenon essaya de séduire sa rivale, d'en faire son amie, pour l'amener peu à peu à changer de conduite. Mais la superbe Athénaïs, qui flairait sans doute le piège, ne se laissait pas faire. Elle entendait que Mme Scarron restât à sa place de gouvernante. Celle-ci, rebutée par les mauvais traitements et scandalisée à chaque nouvelle naissance de bâtards, menaçait de se retirer. Mais la marquise, qui ne pouvait se passer d'elle, la « redonnait au Roi », — c'est-à-dire que le Roi, à l'instigation de Mme de Montespan, parlait en maître, commandait à Mme Scarron de se charger encore d'un élève. Celle-ci obéissait, la mort dans l'âme, sans rien gagner sur l'esprit du Roi. En effet, Louis XIV, prévenu par Mme de Montespan, considérait la gouvernante comme une créature impossible, une « bizarre » qu'il fallait néanmoins ménager, parce qu'on avait besoin de ses services...

De guerre lasse, Mme de Maintenon finit par se plaindre au Roi. Ce fut après une scène particulièrement violente, dont elle-même nous a gardé le souvenir. Le 27 février 1675, jour des Cendres, elle écrit à l'abbé Gobelin, son directeur : « Il se passe ici des choses terribles entre Madame de Montespan et moi. Le Roi en fut hier témoin, et ces démêlés joints aux maux continuels des enfants me mettent dans un état que je ne pourrais soutenir longtemps... » Voici maintenant la scène, telle qu'elle l'a racontée plus tard à ses élèves de Saint-Cyr : « Mme de Maintenon étant, un jour, seule avec Mme de Montespan, dans une prise la plus violente du monde, le Roi les surprit et, les voyant toutes deux échauffées, il demanda ce qu'il y avait. Mme de Maintenon prit la parole, d'un grand sang-froid, et dit au Roi : « Si Votre Majesté veut passer dans cette autre chambre, j'aurai l'honneur de lui dire. » Le Roi y alla. Mme de Maintenon le suivit, Mme de Montespan de-

meura seule. Quand Mme de Maintenon se vit
seule avec le Roi, elle ne dissimula rien : elle
peignit la dureté et la rigueur de Mme de Montespan d'une manière vive, et fit voir tout haut
ce qu'elle avait lieu d'en appréhender pour
l'avenir. La plupart des faits qu'elle contait
n'étaient pas inconnus au Roi. Mais, comme il
l'aimait encore, il voulut adoucir Mme de Maintenon... »

Ainsi la gouvernante s'était décidée à parler
au maître. Elle l'avait fait au grand jour, au vu
et au su de sa persécutrice. Mais elle constata
que le Roi était complètement subjugué par sa
maîtresse et que, très probablement, il n'oserait
pas lui résister. C'était à désespérer ! Bien loin
d'avoir ramené l'épouse adultère à de meilleurs sentiments, elle n'avait abouti qu'à l'exaspérer contre elle. Le but poursuivi — la rupture
entre les deux amants et leur conversion, — ce
but semblait se reculer indéfiniment devant elle.
Alors pourquoi s'obstiner inutilement ? Elle
venait d'obtenir la récompense de ses services.
Le Roi, en lui donnant la terre de Maintenon,
lui avait assuré la « jolie vieillesse » qu'elle souhaitait. Que tardait-elle à résigner ses fonctions ?...

Il est à supposer qu'alors l'influence de

l'abbé Gobelin et du clan dévot de la Cour fut assez puissante pour lui persuader de rester à son poste. Puisqu'elle ne pouvait rien sur Mme de Montespan, qu'elle continuât de parler au Roi ! Qu'elle se fît l'auxiliaire de la pieuse conspiration qui, en ce moment même, avec Bossuet à sa tête, essayait d'amener le Roi à se séparer de sa maîtresse. Mme de Maintenon avait une mission à remplir, — le salut du Roi. Allait-elle l'oublier, trahir les vues du Ciel sur sa personne ?... La dévote très sincère qu'elle était ne pouvait que s'incliner devant de telles exhortations, d'autant plus que cela flattait secrètement, avec son amour-propre, tous ses instincts de domination et aussi ses désirs de revanche contre une rivale triomphante.

On a beaucoup blâmé Mme de Maintenon d'être entrée dans cette petite conspiration contre une personne à qui, en somme, elle devait tout. Mais ce serait mal la connaître que de voir là un trait de jalousie ou de perfidie féminine. S'il y eut certainement dans sa détermination quelque arrière-sentiment d'humilier l'altière marquise, elle crut bien n'obéir qu'à son devoir en travaillant à la réconciliation des deux coupables avec l'Église. On sait le résultat de toute cette intrigue. Le Roi fit ses Pâques, cette année-là, à la paroisse de Versailles, et Mme de Montespan fut éloignée de la Cour. Quelque temps après, la gouvernante des bâtards royaux partait pour Barèges, où elle allait faire suivre un traitement au jeune duc du Maine... Quand elle revint, Mme de Montespan était rentrée en faveur, de nouveau installée à la Cour, et le Roi ne songeait nullement à faire son salut. Tout était à recommencer.

Alors les habiles de la Cour purent suivre d'un œil curieux la percée de Mme de Maintenon. Ce fut un lent travail d'approche, toute une stratégie savante, où elle dépensa des trésors de patience, de souplesse et d'ingéniosité, pour arriver à s'emparer de l'esprit du Roi. En dépit de toutes les avanies et de toutes les fureurs de la Belle Madame, la gouvernante sut rester maîtresse d'elle-même. Désormais plus de scènes, plus d'accès de désespoir, du moins apparent. Elle parla aux deux amants coupables le langage du devoir et de la religion. Elle les convainquit, — du moins elle convainquit le Roi de son absolu désintéressement : elle n'avait en vue que leur bien, leur salut. Tout enragée que fût la marquise de cette prédication, dont les conséquences pouvaient être si redoutables pour elle, elle était bien forcée d'avouer que

Mme de Maintenon parlait d'or et qu'en somme
elle avait raison. De même, le Roi mis en présence du scandale qu'il causait, était bien forcé
d'avouer non seulement qu'il foulait aux pieds
tous ses devoirs de chrétien, mais qu'il contredi-
sait une des règles essentielles de sa conduite politique, — qui était précisément d'éviter le scandale... Et ce rappel à l'ordre était enveloppé de
tant de grâces et de flatteries que, peu à peu, le
Roi fut conquis en effet. Ce fut le travail insensible de la goutte d'eau : elle y mit cinq ou six
ans. Néanmoins quel que fût le crédit de Mme de
Maintenon auprès du Roi, il est fort probable
que, sans l'affaire des poisons, elle n'eût pas
obtenu sa rupture avec Mme de Montespan. Il
fallut à Louis XIV la preuve que sa maîtresse
avait voulu l'empoisonner, pour que tout fût
fini.

Mme de Maintenon sut-elle quelque chose des
terribles accusations qui pesaient sur sa rivale ?
Cela est tout à fait possible. Bien des bruits fâ-
cheux avaient dû transpirer. S'il en est ainsi, on
juge avec quelle inflexible sévérité la dévote,
triomphante à son tour, dut prendre l'avantage.
Désormais, son ennemie était matée. Elle la tenait
à merci. Maintenant, les rôles étaient renversés.
Athénaïs, frémissante de fureur rentrée, s'éver-

tuait à caresser et à désarmer celle qu'elle détestait dans le fond de son cœur. Froide et calme comme le devoir et comme la raison, la subtile Maintenon n'opposait à cette comédie que le pardon chrétien des injures. Le 27 mai 1681, elle écrivait au marquis de Montchevreuil : « Madame de Montespan et moi nous avons fait aujourd'hui un chemin ensemble, *nous tenant sous le bras, riant beaucoup. Nous n'en sommes pas mieux pour cela.* »

On voit d'ici la scène. La Belle Madame, vaincue, feignait d'embrasser sa rivale. Celle-ci, dédaigneuse et souriante, s'amusait fort de la voir à ses pieds : elle savait que, dorénavant, c'était elle qui possédait le cœur, comme l'esprit du maître.

Comment cela s'était-il fait ? Par quel genre de séduction cette quadragénaire, cette pédagogue, confite en dévotion — et qui avait trois ans de plus que lui, — réussit-elle à captiver le gaillard violemment sensuel qu'était Louis XIV?

La chose paraît d'autant plus surprenante que, tout d'abord, le Roi n'éprouva que de l'antipathie pour cette personne quelque peu prude et gourmée. D'abord Mme de Montespan l'avait représentée à son amant comme un caractère impossible, une créature susceptible et grincheuse, avec qui il fallait se fâcher sans cesse et qui rendait la vie pénible à quiconque l'approchait. En outre, Mme Scarron avait gardé de ses anciennes relations avec le monde précieux des façons renchéries et légèrement surannées qui prêtaient à rire au Roi, en même temps qu'elles l'agaçaient. La gouvernante se rendait bien compte de l'effet qu'elle produisait. Elle disait, plus tard, à ses élèves de Saint-Cyr : « Le Roi ne me goûtait pas, et, d'abord, il eut assez longtemps de l'éloignement pour moi. Il me craignait sur le pied de bel esprit, s'imaginant que j'étais une personne difficile et qui n'aimait que les choses sublimes. » En vérité, ce genre d'esprit déplaisait fort à Louis XIV, qui était le plus positif et le plus terrestre des hommes. Il trouvait la précieuse Mme Scarron trop céleste à son gré, trop dans les nuées. C'est ce qu'il reprochait aussi à Fénelon, qu'il considérait comme un bel esprit chimérique, nous dirions aujourd'hui : un homme qui manque du sens des réalités. En ce qui concerne Mme de Maintenon, le tact de Louis XIV ne le trompait pas. Il est certain que, sortie du petit cercle de ses intérêts personnels, des affaires de direction ou des matières d'éducation, elle donnait assez facilement dans la pure idéologie : elle devait croire qu'un grand royaume comme la France peut s'administrer selon les mêmes règles et d'après les mêmes principes qu'un couvent. Mais il y avait encore autre chose dans la défiance première du Roi à l'égard de Mme de Maintenon. Cet homme, qui était aussi positif en amour qu'en politique, redoutait sans doute, chez cette précieuse attardée, le platonisme romanesque dont étaient férues les belles dames de la génération contemporaine de la Régence. Enfin, Mme Scarron, au début, n'était, pour lui, qu'une «pecque» très mijaurée et très manièrée.

Elle s'aperçut tout de suite qu'il fallait essayer de détruire ces mauvaises impressions dans l'esprit du Roi. Mais cette « fée », comme l'appelle Saint-Simon, avait plus d'un sortilège dans son sac. Elle commença par se faire plaindre de celui qui ne l'aimait pas. Son attitude modeste et affligée démentait les insinuations de Mme de Montespan, qui tendait à la faire passer pour une personne difficile à vivre. Puis, quand elle eut l'oreille du Roi, elle gémit avec lui des violences et des fureurs de la marquise, dont il avait peut-être encore plus à souffrir qu'elle-même. On était

deux victimes, on se consolait ensemble. Et, par
une suprême habileté, la gouvernante se donnait
l'air magnanime d'excuser celle qui la tourmen-
tait. Le Roi, toujours épris, malgré tout, de la
terrible Athénaïs, avouait que celle-ci, avec tous
ses défauts, avait aussi bien des qualités. Un
jour, il dit à Mme de Maintenon, pour lui faire
prendre en patience les colères de sa maîtresse :
« Ne vous êtes-vous pas aperçue que ses beaux
yeux se remplissent de larmes, lorsqu'on lui raconte quelque action généreuse et touchante?... »

Certes, Mme de Montespan était fort capable
de pleurer d'admiration. Mais, le plus souvent,
elle pleurait de rage, et c'est dans cet état déplorable que le Roi la trouvait. Louis XIV était un
homme paisible et réglé, qui avait horreur des
scènes violentes. C'était aussi un homme d'intérieur, qui, au sortir de son cabinet, après les mille
tracas des affaires, aurait aimé se détendre dans
l'intimité d'une femme aimable et spirituelle.
Au lieu de cela, il avait devant lui une furie.
Quel contraste avec la douce et souriante Maintenon ! La tâche n'était pas toujours commode
pour celle-ci. Il lui fallait faire effort sur elle-
même, se contraindre sans cesse, pour dissimuler ses propres sentiments, ses rancœurs, ses dé-
ceptions ou ses angoisses, — et faire bonne figure

au maître. Elle écrivait, plus tard, à une de ses familières, Mme de Brinon : « Quand le Roi est revenu de la chasse, il vient chez moi. On ferme la porte et personne n'entre plus. Me voilà donc seule avec lui. Il faut essuyer ses chagrins, s'il en a, ses tristesses, ses vapeurs. Il lui prend quelquefois des pleurs dont il n'est pas le maître, ou bien, s'il se trouve incommodé, il n'a pas de conversation... » Tout cela n'est rien. Il arrive que le Roi soit de mauvaise humeur, en colère même, qu'il rudoie sa confidente et conseillère, l'accable de reproches, lui refuse ce qu'elle demande. Néanmoins, il faut faire contre fortune bon cœur : « Ma vie, disait-elle, a été un véritable miracle. *Quand je songe que je suis née impatiente et que jamais le Roi ne s'en est aperçu,* quoique souvent je me sentisse à bout et prête à tout quitter ; que je suis née franche et qu'il me fallait toujours dissimuler dans les premières années de ma faveur ! Quelquefois je me fâchais quand le Roi ne m'accordait pas ce que je demandais pour mes parents et mes amis. Mais je rends grâces à Dieu de ce que j'ai été, après cela, vingt-six ans sans dire un mot qui marquait le moindre chagrin. Quelquefois j'étais outrée et prête à sortir de la Cour : il n'y a que Dieu qui sache ce que j'ai souffert en ce temps-là ! Le Roi entrait dans ma chambre, il n'y paraissait pas : j'étais de bonne humeur ; je ne songeais qu'à l'amuser, qu'à le retirer des femmes, ce que je n'aurais pu faire, s'il ne m'avait trouvée complaisante et toujours égale. Il aurait été chercher son plaisir ailleurs, s'il ne l'avait trouvé avec moi. Je pensais que Dieu ne m'avait pas mise où j'étais pour le faire souffrir, mais pour tâcher de le sanctifier. Voilà ce qui me fit prendre la résolution de ne plus paraître fâchée, quand il me refusait quelque chose... »

Ainsi, elle avait non seulement à réconforter et à consoler le Roi, qui avait mille soucis de famille, que les moindres revers ou insuccès politiques éprouvaient cruellement, qui prenait tout à cœur dans son métier de souverain, — mais le plus difficile était de l'amuser, d'occuper son esprit. Louis XIV, absorbé complètement par sa fonction, n'avait presque pas de vie intérieure. Une fois sorti du conseil, ou, le travail de cabinet expédié, il s'ennuyait. Tâche écrasante que de distraire le Roi ! Il y fallait tous les artifices d'une conversation savante et habilement préparée, tout l'esprit et tout le manège de Mme de Maintenon ! Elle passa trente-cinq ans de sa vie à amuser le Roi.

Louis XIV l'aimait donc tout d'abord parce

qu'elle le sauvait de l'ennui, et puis aussi pour
l'agrément et la douceur de son commerce, —
pour la paix, la tranquillité dont elle l'entou-
rait : c'était délicieux au sortir des bourrasques
et de l'atmosphère d'orage où vivait la Montespan. Mais, entre lui et la veuve de Scarron, il
y avait encore plus d'un trait de caractère com-
mun. De part et d'autre, même bon sens, même
rectitude d'esprit. Le Roi détestait la frivolité,
l'inconsistance et l'absurdité féminines. Or
Mme de Maintenon avait des qualités presque
viriles. Louis XIV l'appelait : Votre Solidité :
« Qu'en pense Votre Solidité ?... » Elle était
maîtresse d'elle-même. Elle savait se dominer
et garder un secret. Le Roi prisait extrêmement
ces qualités. Enfin, elle avait, comme lui, le
goût, pour ne pas dire la manie du détail. Elle
se montrait même, en cela, quelque peu tatil-
lonne, avec une pointe de pédantisme, qui sentait sa gouvernante. Un grand air de sérieux,
voire d'austérité, recouvrait le tout. Mais rien de
tout cela ne déplaisait à Louis XIV, bien au
contraire. La Fare, traçant, dans ses Mémoires,
le portrait du jeune monarque, note son humeur
« austère et pédante » : si cela est vrai, il faut
avouer que le Roi se reconnaissait jusque dans
les défauts de Mme de Maintenon.

Ce qui lui plut surtout chez elle, ce fut sa piété, très sérieuse et très solide, et qui néanmoins n'avait rien de rebutant. Le Roi traversait alors la crise de conscience que nous avons rappelée plus haut. Il est certain que Mme de Maintenon l'aida singulièrement à en sortir, qu'elle seconda de toutes ses forces le désir qu'il avait de se ranger et de mener une vie exemplaire pour ses sujets. Il était, en ce moment, encore tout bouleversé et terrifié par la découverte des manigances criminelles de la Montespan, — de cette femme qui lui avait mis sous les yeux la toute-puissance du Génie du mal : Mme de Maintenon eut beau jeu pour saisir cet esprit frappé et s'emparer de cette âme en désarroi. Certes, on peut juger diversement sa conduite à cet égard : ce zèle pieux s'employait non pas précisément contre une rivale, mais contre une femme dont elle avait souffert et dont elle allait prendre la place. Pouvait-elle l'ignorer ? Pouvait-elle ne pas sentir que ce pécheur repentant était, pour elle, non pas seulement un catéchumène, mais un ami qui ressemblait fort à un amoureux ?... Il est impossible de ne pas juger cela un peu inquiétant, un peu déplaisant. Mais, encore une fois, c'est un trait constant et quasiment providentiel de la carrière de Mme de

Maintenon que sa piété et ce qu'elle croyait être son devoir se soient toujours trouvés d'accord avec son intérêt.

Ajoutons que Mme de Maintenon, en même temps qu'un prédicateur de morale, fut encore pour Louis XIV un professeur de religion. Le Roi n'avait pas le temps, ni sans doute le goût, d'approfondir les questions de controverse religieuse qui, alors, passionnaient tout ce qu'il y avait d'honnête et de cultivé dans son royaume. Ce n'était pas non plus son affaire que de se plonger dans les tomes de MM. Arnaud ou Quesnel, Bossuet ou Fénelon. Il fut, d'ailleurs, par excellence, l'homme des leçons de choses et des conversations instructives. Il apprenait en causant. Mme de Maintenon lui rendit le service de mettre à sa portée ces questions épineuses du jansénisme et du quiétisme. Elle alla même plus loin : elle essaya de l'apprivoiser à la dévotion. Elle lui ouvrit les horizons de la spiritualité...

*
* *

Mais tous ces avantages, tous ces agréments et toutes ces séductions que Louis XIV appréciait en Mme de Maintenon, tout cela n'explique pas qu'il se soit résolu à l'épouser.

Par une chance extraordinaire pour cette habile personne, le moment de sa plus grande faveur coïncida précisément avec la mort de la Reine. Au lendemain de la catastrophe, Mme de Montespan, qui connaissait mieux que quiconque le tempérament du Roi, aurait déclaré : « Il faut le remarier au plus vite ! » Mais avec qui le remarier ? Ce n'était pas facile. A cette époque-là, il n'y avait, en Europe, aucune princesse, qui fût en âge ou en situation d'épouser le Roi de France. En eût-il trouvé une, qu'il se fût rappelé la triste expérience qu'il venait de faire avec sa femme légitime. L'Infante, qui était, certes, une excellente personne pleine de qualités, lui avait cruellement démontré qu'il ne suffit pas d'être fille de Roi pour avoir du charme et de l'esprit. Louis XIV ne voulait pas recommencer une pareille union. Il estimait qu'après avoir donné des héritiers légitimes à la Couronne et rempli, en somme, correctement, pendant vingt-trois ans, ses devoirs d'époux, il avait quelque droit à prendre enfin une compagne qui lui plût. Allait-il retomber sous le joug d'une maîtresse ? Mme de Montespan l'en avait dégoûté pour la vie. Et d'ailleurs Mme de Maintenon ne se fût pas prêtée à ce rôle. Celui de favorite toute platonique eût autorisé quand

même tous les soupçons. Alors, que résoudre?...

Le Roi voulait se ranger, décidément, et aussi
prendre une femme à sa convenance. L'abbé de
Choisy insinue qu'il obéit, en outre, dans ce
choix d'une nouvelle épouse, à des raisons dynastiques : « Le Roi, dit-il, ne voulait pas se
remarier par tendresse pour son peuple. Il se
voyait trois petits-fils et jugeait prudemment que
les princes d'un deuxième lit pourraient dans la
suite des temps causer des guerres civiles. D'un
autre côté, il ne pouvait se passer de femme.
Mme de Maintenon lui plaisait fort. Son esprit
doux et insinuant lui promettait une conversation agréable... La personne était encore aimable, et son âge la mettait hors d'état d'avoir
des enfants. » — Pour toutes ces raisons, Mme de
Maintenon était évidemment, aux yeux de
Louis XIV, la femme rêvée. Mais quelle mé-
salliance ! Lui-même, quand ses passions n'y
étaient point intéressées, ne se mettait pas toujours au-dessus du préjugé de la naissance ! Si
encore il se fût agi d'une personne de la première noblesse, comme Mme de Montespan !
L'entourage de Louis XIV lui représenta vivement l'indécence d'une pareille union, — surtout proclamée officiellement à la face de l'Eu-

rope. Louvois se jeta aux pieds de son souverain pour l'empêcher de commettre un pareil attentat contre les convenances et contre toutes les traditions... Le Roi Très Chrétien allait-il reconnaître la veuve Scarron comme Reine de France ! Quel scandale dans toutes les vieilles Cours et aussi dans tout le royaume ! Il y avait de quoi faire reculer de plus intrépides que lui ! Alors Louis XIV, qui évitait, par principe, tous les éclats inutiles, adopta un moyen terme. Il ne reconnut pas Mme de Maintenon comme Reine de France, — mais il l'épousa : il l'épousa, parce qu'il l'aimait et qu'il croyait ne pas pouvoir se passer d'elle. Il n'y a pas d'autre explication à un acte, qui, malgré tous les adoucissements et toute la discrétion dont il fut entouré, excita contre le Roi un tel concert de réprobation.

Louis XIV aima donc Mme de Maintenon, — au sens le plus ordinaire et le plus conjugal du mot. Il n'était pas homme à faire fi des agréments physiques d'une femme. Malgré ses quarante-huit ans bien sonnés, il faut croire qu'elle avait conservé quelques restes de beauté, — et que « les yeux mutins » et le « très beau corsage », dont parlait le premier mari, n'étaient pas encore passés à l'état de souvenirs. Et c'est ainsi,

que, dans un cabinet de Versailles, en présence
de l'archevêque de Paris, de Bontemps son vieux
valet de chambre, et de quelques intimes, celui
qui était alors l'arbitre de l'Europe fut conjoint
par le P. de la Chaise à la veuve du poète
Scarron. Mme de Maintenon devenait Reine sans
titre, Reine Très Chrétienne, — et, en cette qualité, protectrice de l'Église et l'une des colonnes
de la Chrétienté. Les Papes allaient lui écrire :
« A notre chère fille en Jésus-Christ, la noble
Madame de Maintenon... » et ils allaient lui
décerner la Rose d'or, comme à une souveraine...
Qu'on juge de l'émoi de celle qui, tirée de la
plus profonde obscurité et de la plus complète
misère, par un acheminement insensible, était
parvenue à ce comble de gloire ! Il faut se la représenter comme Esther devenue la favorite d'As-
suérus et, dans le secret de son oratoire, age-
nouillée et rendant grâces à Dieu :

... O mon souverain Roi,
Me voici donc tremblante et seule devant toi !...

Quelles réflexions sur le mystère de la destinée
humaine et de la sienne, en particulier ! Comme
elle devait se croire, de plus en plus, une énigme
vivante ! Et quelle joie d'en être une ! Mais
aussi quelle épouvante devant l'avenir et les ter-

ribles charges qui allaient peser sur elle !... Et
tout cela se fondant et s'abîmant dans de grandes
protestations d'humilité et un total abandon à la
volonté de Dieu...

Au fond, cet événement s'explique mal, quelques raisons qu'on en donne. L'espèce de fasci-
nation exercée par cette vieille femme sur cet
homme encore jeune est quelque chose de passablement mystérieux. Néanmoins il convient d'en
exposer au moins les raisons les plus apparentes.
Le Roi prit Mme de Maintenon pour femme,
parce que, d'abord, il crut trouver en elle une
associée. Par principe, il se défiait beaucoup des
femmes, en matière de gouvernement. Non seulement elles ne doivent pas intervenir dans les
affaires de l'État, mais même dans une nomination tant soit peu importante. Louis XIV avait
là-dessus des maximes très nettes et très fermes,
qu'il a formulées éloquemment dans ses Mémoires : « On attaque, dit-il, le cœur d'un prince
comme une place. Le premier soin est de s'emparer de tous les postes par où on y peut approcher. Une femme adroite s'attache à éloigner
tout ce qui n'est pas dans ses intérêts ; elle donne
du soupçon des uns et du dégoût des autres, afin
qu'elle seule et ses amis soient favorablement

écoutés, et, si nous ne sommes pas en garde contre cet usage, il faut, pour la contenter elle seule, mécontenter tout le reste du monde... Enfin, tôt ou tard, sans nous apercevoir que nous perdons ou dégoûtons nos meilleurs serviteurs, que nous ruinons notre réputation, elles font réussir toutes choses sans que nous nous en puissions garantir que par un seul moyen, qui est de *ne leur donner la liberté de parler d'aucune chose que de celles qui sont purement de plaisir et de nous préparer avec étude à ne les croire en rien de ce qui peut concerner nos affaires, ou les personnes qui nous servent...* » Louis XIV était donc sur ses gardes avec Mme de Maintenon, comme il l'avait été avec ses maîtresses. Mais il était convaincu que sa nouvelle compagne faisait exception dans son sexe, et qu'elle était vraiment un esprit viril. Elle avait infiniment de bon sens, de mesure et de tact, et, quelquefois même, elle se montrait capable d'esprit politique. Elle le prouva notamment dans les réflexions qu'elle écrivit, en réponse à un mémoire de Vauban, sur le sujet de savoir si l'on devait rapporter le décret de révocation de l'Édit de Nantes. Sa Solidité, — comme l'appelaient, avec le Roi, ses courtisans et ses familiers, — pouvait, à l'occasion, donner un bon conseil.

A cela devait se borner, dans l'esprit du Roi, la collaboration de Mme de Maintenon. Elle pouvait être consultée dans certains cas difficiles, à titre de personne judicieuse, impartiale et animée des plus droites intentions. Mais il ne fallait pas qu'elle eût l'air de vouloir s'immiscer dans le gouvernement. Le clan dévot qui l'avait poussée, soutenue, peut-être conduite jusqu'au point où elle était parvenue, aurait désiré qu'elle prît aux affaires une part plus active et plus efficace. Elle cédait, quelquefois, à ces sollicitations, parce qu'elle croyait que tel était son devoir. Mais le Roi, très susceptible en ces matières et très jaloux de son autorité, avait tôt fait de la remettre à sa place, avec un brutal : « De quoi vous mêlez-vous ?... » Même lorsqu'il s'agissait simplement d'un candidat à une charge de Cour, à un emploi honorifique, le maître était tellement en défiance contre toute suggestion sournoise, que Mme de Maintenon devait ruser, — et ruser de la façon la plus subtile, — pour l'amener à nommer le candidat de son choix. Qu'elle se déclarât franchement en faveur de tel ou tel, c'était, aux yeux du Roi, un motif suffisant pour écarter ce favori : « Elle aurait été bien fâchée, dit Mlle d'Aumale, dans ses Souvenirs, que l'on eût su tous les refus que le Roi lui faisait, de crainte qu'il ne fût blâmé. Elle en a bien essuyés. Il n'était pas porté pour ses parents et ses amis, au moins pour le plus grand nombre. Cependant tous voulaient passer par elle, dans les grâces qu'ils demandaient, non seulement ses parents, mais toute la Cour, à commencer par les princes: *on croyait qu'elle avait part à tout.* Bien des fois, j'ai vu qu'on venait la remercier d'une grâce du Roi, comme gouvernement, pensions, évêché, abbayes. Elle se tournait de mon côté et me disait : « Il m'apprend qu'il l'a. Si je m'en étais mêlée, cela n'eût pas aussi bien réussi... »

Voilà, semble-t-il, la note juste : « *On croyait qu'elle avait part à tout.* » Et c'est ce qui explique les contradictions des contemporains au sujet de l'influence politique de Mme de Maintenon. Elle-même se tuait à répéter qu'elle n'avait aucune influence : on ne voulait pas la croire. On affirmait, sans hésiter, ceci : « Le destin de l'État se décide dans sa chambre. Le Roi s'y renferme tous les jours au retour de la promenade et y reste jusqu'à dix heures, heure où il va souper. M. de Pontchartrain, contrôleur général des finances, s'y rend. Mme de Maintenon file dans un coin, sans paraître faire attention à ce qui se passe ; mais à toutes les propositions que ce ministre fait, le Roi se tourne vers Mme de Maintenon et lui demande : « Que dites-vous de cela, Madame ? » Elle donne modestement son avis, et tout ce qu'elle dit est fait... » Notons qu'il ne s'agit ici que de « propositions » faites par le contrôleur des finances, propositions de pensions sans doute, — et non de politique générale. Le Roi, qui avait confiance dans la droiture de Mme de Maintenon, croyait pouvoir la consulter à ce sujet. Rien de plus plausible et de plus naturel.

Mais on a prétendu qu'elle était allée plus loin, qu'elle avait eu réellement une influence sur la politique du Roi. On allègue sa présence à la délibération qui eut lieu, lorsqu'il s'agit pour le Duc d'Anjou d'accepter ou non la succession espagnole. On oublie que ce conseil d'État était un véritable conseil de famille, auquel le Dauphin assista et que Mme de Maintenon, comme épouse du Roi, avait le droit et le devoir d'y prendre part. Pendant la guerre qui suivit, elle fut employée comme intermédiaire entre la Cour de France et la Cour d'Espagne. C'était la princesse des Ursins, Camerera mayor, qui dirigeait sous main le gouvernement espagnol. Le Roi de France ne pouvait pas correspondre officiellement avec ce ministre en jupons. Mme de Maintenon, amie de la Princesse, était l'agent de liaison nécessaire entre le cabinet de Versailles et celui de Madrid. A la demande de la Princesse, elle dut intervenir dans des nominations de diplomates et de généraux, que le Roi devait choisir non seulement selon son goût ou son jugement personnel, mais aussi de façon à ne pas froisser la Cour d'Espagne. Mgr Baudrillart, dans une étude définitive, a d'ailleurs démontré que tous ces choix étaient sinon excellents, du moins les seuls possibles.

En somme, on ne peut guère constater une influence réelle de Mme de Maintenon que dans le Conseil de conscience, qui distribuait les évêchés et les bénéfices ecclésiastiques. Mais, là encore, il faut bien demeurer d'accord que ses choix furent aussi bons que possible, inspirés par un réel souci du bien public et de l'intérêt de la religion. Il sied même de voir en Mme de Maintenon quelque chose de plus qu'une simple distributrice des grâces ecclésiastiques : elle a été, pour Louis XIV, un véritable ministre des Cultes.

Ainsi le Roi restait fidèle à la promesse qu'il s'était faite, dès le début de son règne, d'ôter à ses maîtresses et même à sa femme (car enfin Mme de Maintenon était la femme de Louis XIV) toute influence politique. La collaboratrice qu'il rêvait d'avoir en celle-ci, c'était uniquement une femme

de bon conseil, passionnée comme lui pour le bien
de l'État, absolument dévouée à son mari et à
son souverain, qui l'avertirait des ruses et des
intrigues de ses ministres ou de ses courtisans. Il
y avait, autour de lui, comme une conspiration
permanente, pour empêcher la vérité d'arriver
jusqu'à ses yeux ou jusqu'à ses oreilles. Mme de
Maintenon serait celle qui dit la vérité, celle dont
le regard vigilant épie sans cesse les machinations
et qui dénonce les mensonges des mauvais serviteurs. C'est pourquoi le Roi prit insensiblement
l'habitude d'aller travailler chez elle avec l'un
ou l'autre de ses ministres.

Saint-Simon nous a décrit la scène à plusieurs
reprises et si nettement qu'on croit la voir : d'un
côté de la cheminée, Mme de Maintenon assise
dans sa niche de damas rouge par crainte des courants d'air. Devant elle, une table, où est posée
sa corbeille à ouvrage : la vieille fée continue à
filer, comme elle faisait dans son enfance, sous
le manteau de la cheminée, au château de Neuillant, — ou bien elle tire l'aiguille sur le canevas
d'une tapisserie. De l'autre côté du feu, adossé
à la muraille, le Roi occupe un fauteuil devant
une autre table. Devant la table, deux tabourets,
l'un pour le ministre qui vient travailler, l'autre
pour son sac, — nous dirions aujourd'hui son

portefeuille ou sa serviette. Le Roi et le ministre causent, discutent, échangent des vues. Pendant ce temps, embusquée dans sa niche éclatante, la vieille fée donne le branle à la pédale de son rouet. Elle file, — elle file avec application et austérité, sans lever la tête, de l'air auguste d'une Parque qui filerait les destins du royaume. Absorbée dans sa besogne, elle ne paraît pas voir ni entendre. Cependant rien ne lui échappe ni des paroles du ministre qui cause avec son maître, ni des jeux de sa physionomie. Mentalement elle confronte les discours du personnage avec ce qu'elle sait de sa vraie pensée : car elle a toute une police qui la renseigne jusque sur les sentiments les plus intimes de tel ou tel. Le Roi, aussi : alors, quand le ministre sera parti ou lorsque les deux époux seront seuls, ils procéderont à des recoupements, ils s'assureront si oui ou non on les a trompés, ou si le ministre les trompe. La vieille fée dira à son ami ce qu'elle pense de tel mot échappé à Chamillart ou à Pontchartrain, de tel geste, de tel signe d'impatience, de désappointement ou de joie, qu'elle aura happé au vol, du fond de sa guérite de soie rouge. Tels sont les services continuels et secrets que le Roi attend d'elle. Il estime même que sa seule présence suffira pour inspirer une crainte salutaire à ce serviteur de l'État et que celui-ci, se sentant doublement surveillé, cédera moins facilement à la tentation de frauder le service.

Ainsi, le Roi continue, comme dans sa jeunesse, à tenir ses ministres en bride. On ne voit pas d'autre raison à cette manie qu'il avait de les faire travailler sous les yeux de Mme de Maintenon. Elle était, pour eux, une surveillante redoutable.

Mais Louis XIV demande surtout une autre chose à sa compagne, — cette chose qu'il a cru trouver et qu'il a vainement cherchée auprès de ses maîtresses : une confiance réciproque, un dévouement absolu. Il veut avoir auprès de lui un cœur fidèle à qui confier les chagrins et les soucis dont il étouffe. Quand les nouvelles de la guerre sont mauvaises, quand les courriers ont apporté des dépêches inquiétantes ou sinistres, quand il faut se résoudre à lever des impôts très durs et qui feront crier, le Roi ne dort plus, il est en proie aux pires angoisses. Mais, avec la grande maîtrise qu'il a sur lui-même, il ne laisse rien voir de son trouble à ceux qui l'entourent. Les observateurs superficiels le croient insensible et s'étonnent de son calme au milieu des plus cruelles épreuves. Dans le même moment, Mme de Maintenon écrit à la Princesse des Ursins : « Le

Roi soutient sa santé et son courage, *mais il est
bien difficile que le dedans ne souffre, et d'autant plus qu'il le montre moins.* » Elle en savait
quelque chose : c'était auprès d'elle que l'autocrate à bout de forces venait se décharger de
tout le poids de son tourment. Il ne lui cachait
même pas ses défaillances. Quand cela allait tout
à fait mal pour le Royaume, il pleurait devant
elle, il mendiait de cette vieille femme un mot
de réconfort. Quel spectacle que cette détresse
royale et quelle tâche pour celle qu'on appelait
l'ancienne gardeuse de dindons que de consoler le Roi de France !...

Voilà donc Mme de Maintenon reine effective,
par la volonté du Roi et par la grâce de Dieu,
— quelque peu aidé, dans l'ombre, par ses ministres.

Elle n'en avait pas fini avec les intrigues et
les luttes. On peut même dire que cela ne faisait
que commencer pour elle. A présent, il s'agissait de se maintenir en un poste qui n'avait rien
d'officiel, où elle était parvenue uniquement par
la faveur et où elle ne pouvait rester que par la
faveur. Certes, Louis XIV n'était point un mo-

narque capricieux, ni, quoi qu'on ait dit, facilement influençable. Mais il était extrêmement susceptible. On pouvait aisément lui déplaire, et, quand on lui avait une fois déplu, il revenait très rarement. La nouvelle Reine ne tarda point à s'en apercevoir. Le Roi ne lui épargnait pas les avanies et, quand elle faisait mine de prendre de l'importance, ce que Saint-Simon appelle « les coups de caveçon » : au moindre froissement de cette susceptibilité ombrageuse, elle était lestement remise à sa place. Ils faillirent se brouiller à propos de Fénelon, dont Mme de Maintenon s'était, au début, si fort engouée et qu'elle avait poussé au siège archi-épiscopal de Cambrai. La querelle du quiétisme, où le nouvel archevêque s'était si fâcheusement compromis, exaspéra Louis XIV : « Celui-ci, nous disent les Dames de Saint-Cyr, ne ménagea pas Mme de Maintenon sur son amitié aveugle pour Fénelon. Il la blâma vivement de lui avoir fait nommer évêque un homme qui pouvait former dans sa Cour un grand parti... »

Mais, outre que le cœur du Roi n'était pas toujours sûr, elle se trouvait entourée de toute espèce d'ennemis. Parmi ces ennemis, le plus dangereux, certainement, était Mme de Montespan, demeurée à la Cour, malgré sa disgrâce,

ayant toujours à Versailles son appartement.
Tout était à redouter de cette violente et de cette
ambitieuse : toutes les armes pouvaient lui être
bonnes, même le poison. Mme de Maintenon savait très probablement quelque chose des révélations faites à la Chambre ardente par la fille de
la Voisin. On juge de ses transes, tant que sa
rivale fut sa voisine. Et elle n'ignorait pas que
celle-ci, forte de ses enfants, n'abandonnait point
l'espoir de reconquérir le Roi. C'est ainsi qu'elle
fut amenée à s'appuyer, de plus en plus, sur le
Duc du Maine, l'aîné des bâtards royaux. Habile à prévoir de loin, la Fée au rouet s'était em-
parée, dès le berceau, de l'affection de celui
qu'elle nommait son « petit Duc », avec l'ar-
rière-pensée de se faire de lui un défenseur contre
sa propre mère. Elle ourdit si bien ses trames que
son élève de prédilection devint l'enfant chéri
du Roi. Entre l'ancienne gouvernante et le bâtard
favori du maître, il s'établit une alliance, pour
ne pas dire une complicité assez vilaine. Par son
petit Duc elle faisait échec aux manigances de
la mère et elle tenait le Roi. Néanmoins elle
n'était pas tranquille. Elle ne le fut que lorsque,
décidément, sa rivale fut renvoyée de la Cour,
« chassée » ignominieusement dit Saint-Simon,
qui ne mâche jamais ses mots. D'après lui, ce

serait le duc du Maine, qui aurait brusqué les
choses et mis sa mère à la porte de Versailles, en
jetant son mobilier dans la rue.

Débarrassée de l'artificieuse Athénaïs, Mme de
Maintenon avait à lutter encore contre les ministres, les confesseurs, les membres de la famille
royale, les Princes du sang. La mort la délivra du
terrible Louvois, qui s'était opposé si résolu-
ment à son mariage avec le Roi. Elle fit tout ce
qu'elle put pour annihiler l'influence du P. de la
Chaise jusqu'au moment où elle lui trouva un
remplaçant selon son cœur dans le P. Tellier.
Elle eut un archevêque de Paris à sa dévotion,
et elle fit destituer Daquin, premier médecin du
Roi et créature de Mme de Montespan, pour
donner sa place à Fagon, qui, autrefois, l'avait
accompagnée à Barèges. En même temps, elle
devait espionner ce qui se tramait chez Madame
et chez son fils, le duc d'Orléans, qui l'exé-
craient cordialement, ou à Meudon, chez Monseigneur, entouré, d'ores et déjà, comme héritier
présomptif, de toute une petite Cour, — enfin
partout où le moindre semblant de complot pouvait menacer sa puissance.

C'était, pour la malheureuse, un souci perpétuel, — outre la tâche de plus en plus lourde et
difficile d'amuser le Roi. Elle n'y suffisait plus.

Il lui fallait recourir aux jeunes grâces et aux enfantines espiègleries de la Duchesse de Bourgogne, pour retenir le souverain blasé. Avec cela, elle vieillissait, elle était souvent malade. Elle se demandait avec angoisse combien de temps encore elle pouvait remplir ce que ses directeurs de conscience lui disaient être « sa mission ».

Louis XIV, homme robuste, n'aimait ni les souffrants ni les infirmes. Or Mme de Maintenon était la malade perpétuelle, très occupée à soigner sa gorge, à frictionner ses rhumatismes, parlant volontiers de ses clystères, de ses médecines, de son huile de Saint-François. Cette santé fragile fut un des premiers sujets de désaccord entre les deux époux, d'autant plus que Mme de Maintenon ne se contentait pas d'être malade, elle voulait que tout le monde le fût autour d'elle. Cela exaspérait le Roi, qui ne se plaisait qu'au grand air, qui ne rêvait que chasses, chevauchées en forêt, voyages et déplacements continuels. Sa femme avait la terreur des courants d'air. Le Roi voyageait toutes portières ouvertes, qu'il fît une chaleur torride ou qu'il gelât à pierre fendre. Épouvantée et excédée de ces caprices, Mme de

Maintenon, prétextant sa poitrine délicate, avait fini par obtenir de voyager seule, dans son carrosse ou dans sa chaise. La chaise, comme le carrosse, était soigneusement close. Quand le Roi, qui l'accompagnait à pied dans ses promenades, voulait lui parler, elle soulevait la glace de deux doigts et la rabattait incontinent, tant elle avait peur de s'enrhumer. Très casanière, parce que valétudinaire, elle aurait préféré cent fois ne pas bouger du coin de son feu, ne pas quitter sa niche ou son lit.

Pour cela, elle ne savait quelles ruses inventer. Pour empêcher le Roi de sortir et de la traîner à Marly ou à Fontainebleau avec les princesses, elle recourait à Fagon, sa créature, qui avait à ses ordres toutes les maladies imaginables. Le tout-puissant Esculape effrayait le Roi de ces dangers feints ou réels. Celui-ci cédait. Mais, comme il était très défiant, il arrivait aussi qu'il soupçonnât une ruse des médecins complices de Mme de Maintenon. Alors, il passait outre aux défenses de la Faculté, et le résultat, c'était que la duchesse de Bourgogne ou la duchesse de Berry « se blessait », comme on disait alors, ayant été atrocement secouée sur le pavé des grandes routes. Saint-Simon raconte à ce sujet toute une scène qui se passa à Marly, devant le

bassin des carpes. Il la donne comme un échan-
tillon de la dureté révoltante de Louis XIV.
Mais il n'ajoute pas que Mme de Maintenon l'a-
vait agacé et mis hors des gonds par ses remontrances médicales continuelles et, comme il disait, « ses raisonnements de matrone » : elle était
la grande empêcheuse de toutes les sorties et de
tous les plaisirs, — et cela, encore une fois, non
seulement pour elle, mais pour tous les autres.

Si le Roi avait à se plaindre d'elle, Mme de
Maintenon se plaignait encore plus de lui et de
la représentation à laquelle il l'obligeait. Femme
d'intérieur, bourgeoise casanière, sa vie à la Cour
n'a été qu'un long supplice. Elle souffrait de
n'être pas chez elle. A Versailles, comme à
Marly ou à Fontainebleau, ses appartements
étaient à peu près publics. On les traversait à tout
instant. Elle mangeait, on la déshabillait, on la
mettait au lit devant le Roi. Même dans son
lit, elle n'était pas tranquille. A deux pas d'elle,
le Roi et ses ministres discutaient les affaires cou-
rantes. C'est seulement après que les ministres
étaient partis, que le Roi, nous dit, en toute simplicité, Saint-Simon, « passait à une chaise percée, revenait au lit de Mme de Maintenon, lui donnait le bonsoir et s'en allait se mettre à table... »
Rien de plus inconfortable, d'ailleurs, que ces ap-

partements. A Fontainebleau, la favorite était
installée sur la loggia de la Porte dorée : salon
obscur, petites chambres basses où le soleil entrait
à flots et où elle devait rôtir, au cœur de l'été.
En vain demandait-elle à son maître et seigneur
la permission de faire mettre des volets ou des pa-
ravents devant les fenêtres : cela aurait rompu
la belle ordonnance, — à quoi l'amateur d'art
qu'était Louis XIV tenait par-dessus tout. On
devait savoir souffrir pour la beauté. La bourgeoise Maintenon ne s'y résignait point. Elle
écrivait à la Princesse des Ursins : « Avec lui,
il n'y a que grandeur, magnificence et symétrie,
et il vaut mieux essuyer tous les vents coulis des
portes, afin qu'elles soient vis-à-vis les unes des
autres... » Elle ajoutait mélancoliquement : « Il
faut périr en symétrie ! »

Néanmoins, elle essayait de se donner l'illu-
sion du chez-soi, en se ménageant des refuges,
des « repos » à Saint-Cyr et à Marly. Elle avait
une maison privée à Fontainebleau et à Saint-
Germain, outre son château de Maintenon. Elle
s'évadait de la Cour, autant qu'elle le pouvait, afin de goûter quelques instants de tranquillité. Saint-Cyr surtout était sa retraite de prédilection. Mais le Roi souffrait avec peine ces
absences. En général, il n'admettait guère que

l'on résidât hors de la Cour. Ce qui l'irritait, surtout, c'était de voir la place démesurée que tenait Saint-Cyr dans les préoccupations de sa femme. On peut dire qu'elle rapportait tout à Saint-Cyr. Elle y trouvait la satisfaction de sa manie de diriger, de morigéner, d'enseigner et de pédantiser. Avec ivresse, elle s'engloutissait dans des besognes fastidieuses, dans tout un fatras et un tracas perpétuel de correspondances et d'inspections, réglant tout dans le plus petit détail, jusqu'au nombre des brioches et des pommes d'api qu'on mangerait à tel goûter des pensionnaires. Elle n'oublie ni les vaches, ni les poules de l'établissement, — ni les soins de propreté à donner aux élèves, s'inquiétant de la gale et des poux, comme des chemises à changer... Le Roi, qui, pourtant, avait, lui aussi, le goût du détail, méprisait, au fond, cette vaine agitation. Il estimait qu'il y avait d'autres occupations pour une Reine de France.

Mme de Maintenon n'était pas reine du tout. On peut alléguer pour sa défense qu'elle ne l'était pas en titre, ni même effectivement. A tout le moins, elle était la compagne du Roi et elle n'avait nullement le cœur royal : « L'abjection et la détresse où elle avait si longtemps vécu, dit Saint-Simon, lui avaient rétréci l'esprit et avili le cœur et les sentiments. *Elle pensait et elle sen-tait si fort en petit,* en toutes choses, qu'elle était toujours en effet moins que Mme Scarron et qu'en tout et partout elle se retrouvait telle. Rien n'était si rebutant que cette bassesse, jointe à une situation si radieuse... » Il faut bien avouer qu'en cela son vieil ennemi exagère à peine. En tout cas, ce qui déplaisait le plus au Roi, c'est qu'elle eût si peu le sentiment de la grandeur française et de la dignité nationale. Au cours de la guerre de Succession, elle fut une des pires défaitistes, elle conseillait la paix à tout prix, comme son ex-ami Fénelon, — ce Fénelon qui, après le traité d'Utrecht, demandait qu'on démolît les forte-resses de Vauban et qu'on ruinât toute notre dé-fense sur les frontières du Nord et de l'Est. Mme de Maintenon n'avait assurément rien de l'esprit politique d'une Princesse des Ursins. Si Louis XIV avait écouté ses conseils, il eût signé la déchéance de la France.

Une autre cause de dissentiment entre eux, c'était la dévotion. Elle voulait absolument rendre le Roi dévot. Celui-ci voulait bien être pieux, mais il jugeait qu'il ne convenait pas à un roi de France d'être, sur le trône, un moine cou-ronné. Il tâchait, néanmoins, de lui complaire, en cela, autant qu'il pouvait, comme en témoigne

ce petit billet bien significatif : « Je crois que je
pourrai aller à complies à Saint-Cyr, si vous l'ap-
prouvez, et revenir après avec vous, en nous pro-
menant. On pourrait, aujourd'hui, qui est une
fête de la Sainte Vierge, dire des litanies qui
allongent un peu les prières. » Ainsi, il lui con-
cède d'assister à des complies interminables.
Mais cela ne satisfait que médiocrement l'épouse
dévote. Elle voudrait l'amener à interdire, à la
Cour, non seulement les comédies, mais les concerts. Pour le coup, Louis XIV, qui était fou de
musique et de violons, se cabra, et cela valut à
la vieille Fée cette leçon bien méritée :

—« Madame, la Reine ma mère, qui était
fort pieuse et qui communiait deux fois par se-
maine, assistait à ces concerts et n'y voyait aucun
mal ! »

Le pire, pour le Roi, était de constater que
celle qu'il s'était donnée librement pour compagne, pour associée et pour conseillère, ne s'in-
téressait nullement aux choses qui le passionnaient par-dessus tout : la beauté et la gloire de
la France. Rendre la France puissante, bâtir,
créer des jardins, des palais, des lieux d'en-
chantement dans tout le royaume, — il n'avait
guère vécu que pour cela, — et sa femme se
plaisait à dire que la beauté des lieux ne lui

était de rien, qu'elle n'y faisait même pas attention. La plus cruelle déception, pour un grand
amoureux, est de s'apercevoir que celle qu'il
aime ne partage pas toutes ses amours. Mme de
Maintenon infligea cette espèce de déception à
Louis XIV. Leur amitié elle-même, leur confiance réciproque finit par en souffrir. Cela joint
aux mille incommodités qu'apporte la vieillesse,
aux froissements inévitables dans toute existence
commune, — ce fut, pour le Roi, la désillusion
suprême...

*
* *

Finalement, les deux vieux époux éprouvè-
rent l'un et l'autre une grande lassitude de leur
union. Pendant la dernière maladie de
Louis XIV, Mme de Maintenon est littéralement
à bout. Elle n'a plus qu'un désir, c'est d'aller
s'ensevelir à Saint-Cyr, et de s'y préparer en
paix à l'instant suprême. Depuis longtemps déjà,
ses lettres trahissaient une fatigue, un accablement et un dégoût indicibles, et, ce qu'il y a de
plus grave, un détachement presque complet, une
sorte d'indifférence à l'égard du Roi. Quant à
celui-ci, toujours si renfermé, il est plus difficile
de démêler ses vrais sentiments. Pourtant il
semble bien qu'il en fut de même pour lui. Sur

son lit de mort, en disant adieu à sa vieille compagne, il prononça ces paroles : — « Je vous ai toujours aimée et honorée », — comme si c'était une chose dont elle avait pu douter. En réalité, il y avait des années qu'ils ne s'aimaient plus : on se supportait tant bien que mal.

La vie amoureuse de Louis XIV s'était close depuis longtemps avec La Vallière, peut-être avec Marie Mancini. Cet amour était devenu de la sensualité avec Mme de Montespan, puis de la pure amitié avec Mme de Maintenon. Cette amitié même le trompa. Lorsqu'il mourut, il est infiniment probable qu'il était arrivé à se détacher entièrement de toutes les affections humaines.

En somme, toutes ses amours l'avaient déçu, comme elles avaient déçu ses maîtresses. On dirait, en effet, que toutes furent punies de l'avoir aimé. Quelles fins de vies pour ces malheureuses !... Marie Mancini, devenue folle, donne à l'Europe le spectacle de sa démence vagabonde, jusqu'au moment où son mari la fait enfermer dans un couvent. Louise de La Vallière, après un martyre de dix années, s'ensevelit dans les austérités du Carmel. La Montespan, déchue, humiliée, traîne une existence désespérée et meurt dans les visions atroces de ses vieux crimes et la peur de l'Enfer. Mme de Maintenon, harassée par trente-cinq ans de contrainte, ne dépose le masque et le fardeau que pour mourir... Don Juan désabusé devait, en pensant à toutes ces détresses, faire un triste retour sur lui-même. Il n'avait abouti qu'à torturer et à désespérer des âmes, — et, après tout cela, il se sentait le cœur vide et sans joie. N'était-ce pas justice, en somme, pour elles comme pour lui ? On ne doit pas détourner de sa route l'homme qui est marqué par le destin, — et lui aussi il est puni, pour peu qu'il se détourne...

Mais ces erreurs n'avaient été que passagères chez le Roi. De tout temps, ces amours humaines avaient été combattues, en lui, par un autre grand amour, — celui de la gloire, qui a, disait-il, « les délicatesses et les timidités des plus tendres passions. » Pour lui, il y avait uniquement l'État, — « le bien public pour lequel seul nous sommes nés », — c'est-à-dire son royaume, la France, sa prospérité et sa grandeur. On peut affirmer, en somme, que Louis XIV n'a jamais aimé que la France. A toutes les femmes de chair il a préféré sa femme de gloire, cette France que, selon la liturgie du sacre, il avait épousée solennellement dans la Basilique de Reims et qui, par la main de l'évêque officiant, lui avait mis au doigt son anneau nuptial.

En tout cas, jusqu'à son dernier jour, il n'a pensé qu'à l'État. Il a fait son service jusqu'au bout, jusque sur son lit d'agonie, — préoccupé, avant de rendre le dernier soupir, d'assurer à son royaume la paix religieuse et de lui éviter les troubles d'une minorité... Et c'est seulement après avoir réglé ces suprêmes affaires qu'il s'est retourné vers Dieu, sans nulle crainte, sans nulle vaine forfanterie non plus, en homme qui est fort du témoignage de sa conscience, en souverain, qui, à travers bien des fautes et des défaillances, n'a voulu que le bien de ses peuples. Ce roi de la Terre pleurait de n'avoir pu imiter, autant qu'il l'eût voulu, le Roi du Ciel. Maintenant, courbé par l'âge, il déposait le fardeau trop lourd et il n'aspirait plus qu'au repos, avec le sentiment de la tâche bien remplie.

Quoi qu'on en puisse penser, il est incontestable, au moins, qu'aucun de nos rois n'a plus aimé son métier, ne s'est donné plus complètement et de meilleur cœur à sa besogne. De sorte que ce grand amoureux de la France ne mentait pas, lorsque, dans ses Mémoires, il écrivait ces lignes, qui sont en quelque sorte son testament d'homme passionné : « S'il arrive que nous tombions, malgré nous, dans ces égarements, (les égarements d'amour), il faut du moins, pour

en diminuer la conséquence, observer deux précautions que j'ai toujours pratiquées : la première, que le temps que nous donnons à notre
amour ne soit jamais pris au préjudice de nos
affaires... la seconde, qui est la plus délicate et
la plus difficile à conserver et à pratiquer, c'est
qu'en donnant notre cœur, il faut demeurer
maître absolu de notre esprit... Ces précautions
satisferont en quelque façon à ce que vous devez
à votre État comme prince, mais, pour rendre
à Dieu ce que vous lui devez comme chrétien,
il est bon de s'abstenir de tous ces commerces il-
licites qui ne sont presque jamais innocents. Et,
dans ce dernier moment où nous arriverons peut-
être plus tôt que nous ne pensons, Dieu ne nous
demandera pas si nous avons vécu en honnête
homme, mais si nous avons gardé ses commandements... »

Lui, sans doute, il n'avait pas toujours gardé
les Commandements divins, — et il était le premier à s'en accuser. Mais il avait constamment
agi et vécu, non seulement en honnête homme,
mais en souverain. Jusqu'au bout, il avait rempli
tous ses devoirs de roi.

E. GREVIN — IMPRIMERIE DE LAGNY — 9-24

www.ingramcontent.com/pod-product-compliance
Ingram Content Group UK Ltd.
Pitfield, Milton Keynes, MK11 3LW, UK
UKHW022015170726
13837UKWH00001B/207